A ARTE DA PESQUISA NA CONSTRUÇÃO DE IDEIAS E ARGUMENTOS

Gleyds Silva Domingues

Diagramação:
Manoel Menezes

Capa:
Piedmont International University

Dados Internacionais de Catalogação na Publicação (CIP)

DOMINGUES, Gleyds Silva.
A arte da pesquisa na construção de ideias e argumentos / Gleyds Silva Domingues – Piedmont International University, 2019.
208 páginas.
CDD

CDD 248-4
1. Crença e dúvida   2. Fé e vida cristã   I. Título

1ª Edição: Julho / 2019.

"Por Ele e para Ele. Glórias sejam dadas".

Prefácio

Como se procede uma pesquisa? Quais os caminhos para se chegar aos objetivos propostos? Como será o processo de coleta/produção de dados? Através de que meios? Por quem? Quando? Onde? Como organizar os dados obtidos? Como os dados serão analisados?

Estas perguntas povoam o pensamento, e quem sabe o coração de muitos que fazem pesquisa, isto porque "A metodologia ocupa lugar central no interior das teorias, pois ela faz parte intrínseca da visão social de mundo veiculada na teoria [...]" (MINAYO, 1999 p.22).

Fazer uma pesquisa requer um olhar curioso sobre o mundo, requer ainda fazer-se perguntas, "não se conformar com o mundo" (Romanos 12:2), dar respostas, buscar soluções, propor estratégias, intervenções. Pesquisar implica uma atividade de aproximação sucessiva da realidade que nunca se esgota, fazendo uma combinação particular entre teoria e dados (MINAYO, 1999) sem, entretanto, esquecer a ética.

De maneira extremamente didática, a professora Gleyds, vai guiando os leitores no caminho da pesquisa, com cuidado ético e metodológico, mostrando no próprio texto, contextualizando as aplicações, praticando com cuidado cada passo e aprendizagem, como se estivesse ensinando e ao mesmo acompanhando o percurso de aprendizagem daqueles que se aventuram na prática das perguntas, perquiro, procuram por toda parte, do aprofundamento, da busca com cuidado.

O texto didaticamente elaborado, ajudará o leitor com a chave da argumentação, na descoberta de uma nova possibilidade de conhecimento, construção do pensamento e da escrita.

O livro segue o caminho que diz oferecer: a pesquisa na construção de ideias e argumentos. No início, o livro relaciona ética com forma, mostrando que forma é conteúdo na pesquisa, e até neste ponto, devemos ter o cuidado ético. Em seguida relaciona a responsabilidade do pesquisador com o conhecimento, fazendo-nos refletir sobre a abrangência e polissemia desse termo.

Depois nos encoraja a entender que a metodologia não se encerra as questões teóricas ou conceituais, alertando para a dimensão prática e interventiva que se relaciona diretamente com a prática teológica. Discute a seguir as possibilidades de utilização dos gêneros textuais, colocando--nos no campo da discursividade. E continua com a tipologia textual.

Em seguida, vai abordar algo muito caro a autora que se desdobrará: a questão do conhecer, o conhecimento; para, finalmente, chegar às teorias e a cosmovisão cristã bíblica; e em seguida retornando a ideia de redação argumentação, enquanto sentido comunicativo, presente no campo da discursividade, aprofundando em seguida a técnica da redação. Como a própria autora afirma, os últimos capítulos são de natureza teórico-prática. Em outras palavras "colocando as mãos na massa", com ética sabendo que "**sabendo** que o **vosso trabalho não** é vão no Senhor" (1 Coríntios 15:58b).

Quero agradecer por esta oportunidade de acompanhamento do trabalho e de ser uma das primeiras leitoras. Com as certezas das diferenças que nos fazem e das verdades que nos unem, sabemos que somos amadas por Deus, e, que apesar de nós mesmas, nos fez suas filhas e por nós se deu a si mesmo, a fim de sermos justificadas "gratuitamente pela sua graça, pela redenção que há em Cristo Jesus" (Rm 3:24).

Caruaru, 18 de março, 2019
Dra. Kátia Silva Cunha
Universidade Federal de Pernambuco

Sumário

1.
FINALIDADE E COMPETÊNCIAS A SEREM DESENVOVIDAS

A obra tem por finalidade tecer o estudo direcionado à pesquisa, no intuito de desenvolver habilidades de comunicação no ato de composição do texto em sua forma argumentativa. Além de descrever sobre o processo de produção e elaboração de pesquisas, a partir de um objeto válido.

Busca-se, ainda, expor a estrutura de composição a ser utilizada em trabalhos de pesquisa, observando as normas científicas e a aplicação da forma e do estilo. Por fim, quer-se desenvolver competências do pesquisador no ato de elaborar e produzir o trabalho de pesquisa, pregação ou ensino, conforme o objetivo a ser alcançado. Nesse sentido, objetiva-se:

a) Apontar a relevância da metodologia científica e da eleição do método científico, no processo de elaboração de uma investigação, na medida em que os aplica na prática da pesquisa.

b) Identificar a finalidade e a funcionalidade dos gêneros e tipos textuais na composição da mensagem, sabendo descrevê-los e adotando-os conforme a especificidade e o objetivo da ação comunicativa.

c) Descrever as características do conhecimento, conforme a sua classificação, situando o conhecimento teológico e sua importância no ato de produção de ideias e conceitos.

d) Elaborar um projeto de pesquisa, contemplando todos os elementos essenciais à sua composição.

e) Saber produzir, como resultado do estudo, um trabalho científico, atentando para as suas partes constitutivas, considerando o processo de coesão e coerência textuais.

2.
APRESENTAÇÃO DA AUTORA

QUEM SOU?

Olá, sou a Professora Gleyds, nasci na chamada "cidade maravilhosa", cidade do Rio de Janeiro, no mês de fevereiro, numa época de muito calor, o chamado verão brasileiro. Na linha de sucessão (brincadeirinha), sou a segunda de cinco filhas. Meus pais, Sebastião e Ivone, me ensinaram desde pequena a amar a Deus acima de tudo. Sou casada com Emanoel e temos um casal de filhos, Ana Carolina e Paulo Henrique. Atualmente, eu e minha família moramos na cidade de Curitiba, no Estado do Paraná.

Gostaria de iniciar dizendo que atuo na ministração do Módulo Disciplinar referente à Metodologia da Pesquisa, no âmbito do Mestrado e da Graduação. Esse Módulo é essencial à formação e ao desenvolvimento pessoal e profissional em diferentes áreas e campos do saber. E diferente de como muitos podem pensar sobre essa área, o seu estudo não é enfadonho, antes é desafiador e esclarecedor. Afinal, não é possível trabalhar com o conhecimento, sem que se invista no ato da pesquisa.

Há mais de 30 anos exerço o magistério, atuando em diferentes níveis de ensino. Já presenciei muitas mudanças no contexto educacional: algumas boas e outras nem tanto. Mas me deixe abrir o coração: o que mais me incomoda na Educação é que mesmo com as propostas de mudanças, o cenário educacional ainda não é aquele tão sonhado e o nível da formação humana continua decaindo. Fator que deve ser ponderado e refletido, ainda mais pelos cristãos, uma vez que a missão dada é de ser sal da terra e luz do mundo. E isso é uma grande responsabilidade.

Penso, ainda, que as comunidades eclesiásticas foram chamadas para desenvolverem um trabalho transformador no contexto em que estão inseridas. Esse trabalho não requer grandes investimentos, mas ações de mordomia, que envolvam cuidado, ministração da palavra, serviço e muito amor. Talvez, você esteja refletindo como é que esta disciplina pode ajudar a desenvolver estratégias de cunho prático. Bom, eu tentarei mostrar três possibilidades, que você pode ou não considerar em sua trajetória formativa.

A primeira possibilidade a ser considerada reforça que a partir da pesquisa é possível investigar sobre os contextos sociais, por meio da realização do diagnóstico da realidade. O diagnóstico é um mapeamento histórico, religioso, social, educacional e econômico da localidade em que a comunidade eclesiástica encontra inserida. Com esse mapeamento é possível planejar ações de impacto e que de fato possam resultar em mudanças. É claro que as ações precisam caminhar lado a lado com a comunidade, isso indica que não se deve fazer por imposição, mas por conquista, amizade e confiança.

A segunda possibilidade diz respeito ao processo de argumentação a ser utilizado. Isso reflete na maneira como se comunica a mensagem do Evangelho. Assim, podem-se utilizar diferentes textos que visam o alcance da compreensão da mensagem, sem, contudo, alterar sua essência ou significado original. O objetivo da mensagem é glorificar a Deus em tudo o que se pensa, faz, sente e proclama. Então, quando se usa a argumentação, tanto o ponto de partida quanto o de chegada da mensagem devem convergir para esse objetivo.

Por fim, **a terceira possibilidade** demonstra que é necessário traçar caminhos na ação ministerial, a partir de passos bem ordenados e sistematizados. A pesquisa oferece propostas metodológicas de ação, à medida que informa sobre o modo de operacionalização e sistematização de ideias. E isso só se torna viável diante de uma problemática levantada, ou seja, de uma questão que necessita ser respondida e de um modo bem análogo, compreende-se que no contexto ministerial se tem mais perguntas do que respostas; por isso munir-se ou instrumentalizar-se a partir da pesquisa pode ser um caminho para inovação e enfrentamento dos desafios.

É claro que seria possível alistar outras possibilidades de aplicação, mas estas três já podem ser consideradas como práticas fundamentais, tanto para pensar, como para agir consciente no ministério. Afinal, quando se reflete sobre o que se faz, o crescimento e desenvolvimento pessoal e profissional se evidenciam como aspectos oriundos da reflexão-ação, pois o que se busca é o aperfeiçoamento contínuo da combinação entre teoria e prática efetivadas no contexto do ministério.

O contexto do ministério pode ser considerado como um ambiente propício para a aprendizagem, como também um espaço criativo e formativo de novas lideranças. Afinal, é neste ambiente em que se projetam sonhos e se efetivam planos de ação, que precisam encontrar razões para sua implantação e implementação.

Defende-se que a pesquisa pode servir como aliada ao desenvolvimento de ideias, visões, perspectivas, estratégias e inovações que visam o crescimento e a expansão da missão confiada. É por intermédio da pesquisa que o sujeito, na pele do pesquisador, busca respostas e o aperfeiçoamento contínuos.

Sendo assim, a palavra inicial é: com coragem e persistência é possível ir além da zona de conforto. Isso porque é possível viver o sonho e a sua realização. Você também acredita nisto? Dito isto, é hora de começar a trajetória em busca de novas aprendizagens. Esta é minha intenção ministerial e pedagógica; e que Deus seja glorificado no percurso a ser seguido. Vamos começar?

Uma observação, caso haja interesse em saber sobre o que escrevo ou pesquiso, você pode conferir no currículo lates alguns trabalhos desenvolvidos e ainda selecionar aqueles que foram desenvolvidos num período dos últimos 5 anos. A maior parte deles está acessível na Rede Internet. Se você quiser acessar a síntese da minha trajetória pessoal e profissional e, se tiver, ainda, a curiosidade para ampliar a pesquisa, os dados estão disponibilizados na PLATAFORMA CNPQ- currículo lattes. Eis o link de acesso:

http://lattes.cnpq.br/3982430869583455

3.
APRESENTAÇÃO DA ESTRUTURA DA OBRA

A proposta do livro "A arte de pesquisa na construção de ideias e argumentos" é desenvolver competências indispensáveis ao processo de sistematização efetivado por meio da argumentação e do registro escrito de ideias. O registro escrito é a materialização do ato de pensar sobre um problema da realidade social e que se evidencia como uma questão que necessita ser investigada. A questão a ser investigada torna-se a chave-mestra para a construção do texto, por meio da coordenação de fatos e, que exige, nesse processo, coerência e coesão na composição de um texto.

A **coerência textual** pode ser verificada a partir da estruturação das ideias e de seus argumentos. É por esse motivo que a coerência trabalha no nível da concatenação de ideias, o que implica que entre os segmentos desenvolvidos é preciso que haja interligação dos argumentos construídos. Isso indica que a temática a ser produzida necessita apresentar coesão e lógica na sua composição. A coesão permite identificar o significado gerado. A lógica permite que o texto seja compreendido e interpretado ao utilizar a aplicação da estrutura lexical (conjunto de palavras ou vocábulos de um idioma) e, semântica (significado contido nas palavras e vocábulos).

Um texto incoerente não apresenta ideias claras e nem mesmo organizadas, o que possibilita sua rejeição no contexto social por não conter uma mensagem munida de sentido, sobre o que se deseja transmitir em relação ao objeto investigado. Isso porque, a construção de um texto de qualidade demanda tempo, investimento e estudo aprofundado. Na visão de Terra e De Nicola (2008, p. 85), a coerência precisa se preocupar com três fatores: contexto situacional; conhecimento de mundo do interlocutor; e conhecimento linguístico. Esses fatores operam conectados no processo de compreensão da mensagem comunicada.

A **coesão textual**, por sua vez, é o elemento integrador e articulador das ideias apresentadas no texto, ou seja, ela demonstra que os fatos narrados, descritos e argumentados estão conectados e encadeados por um fio condutor, fundamentado na lógica, os quais estão presentes nos seus elementos constitutivos: introdução, desenvolvimento e conclusão de uma ideia. Isso possibilita que o ato de construção do texto não se distancie do objeto eleito, mas que some forças para responder ao problema levantado.

Pode-se dizer que "a coesão textual é um elemento facilitador para a compreensão do texto, mas é a coerência que lhe dá sentido" (TERRA; DE NICOLA, 2008, p. 83). Assim, infere-se que coerência e coesão formam uma unidade no contexto do texto, visto que se integram em nome da significação. E que podem ser ilustrados assim:

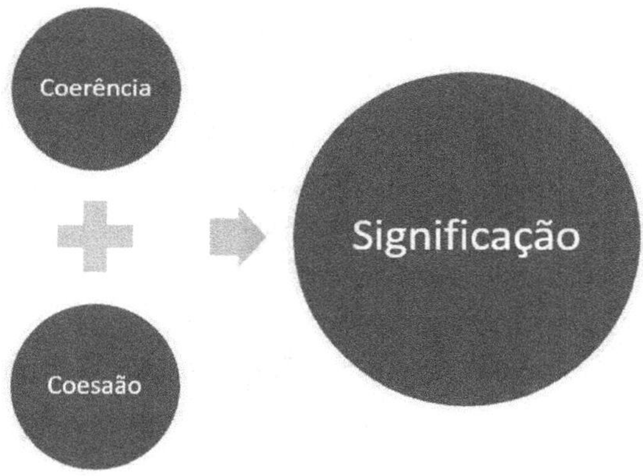

Elaboração da Autora, 2018.

A significação no processo de interpretação do texto indica a presença de sentido, ou seja, nele há fluidez, compreensão e apreensão da ideia comunicada, na medida em que gera aprendizagem de novos conceitos e teorias e que são confrontados com os conhecimentos prévios. Conhecimentos prévios são aqueles que compõem o nível denominado senso comum e, que segundo Santos (2008) constitui o primeiro nível do conhecimento.

O ato de escrever não é automatizado, antes necessita de tempo e investimento. Isso indica que pode ser comparado a uma arte. A arte da composição de um texto. Afinal, é o texto que estrutura as ideias projetadas em forma de argumentos. O argumento, então, pode ser assumido como a construção lógica que objetiva emitir uma mensagem e para que ela possa ser significada é preciso que a linguagem seja adequada, clara e objetiva. Afinal, **a escrita como arte** precisa comunicar-se de forma inteligível, por isso busca na simplicidade a composição e a organização das palavras.

As palavras são unidades essenciais na composição do texto, porém elas não funcionam de modo independente e nem isoladamente, antes é preciso que se agrupem no ato de composição da mensagem a ser comunicada. As palavras dizem, mas dizem mais, ainda, quando são organizadas e combinadas de uma forma estruturada e sistematizada na formação de um texto com suas variantes. Afinal, os textos podem assumir formas e matizes diferenciados. Ainda sobre o texto, Koch (2011, p. 20) apresenta uma clara definição, ao dizer que:

> Todo texto caracteriza-se pela textualidade (tessitura), rede de relações que fazem com que um texto seja um texto (e não uma simples somatória de frases), revelando uma conexão entre as intenções, as ideias e as unidades linguísticas que o compõem, por meio do encadeamento de enunciados dentro do quadro estabelecido pela enunciação.

É a partir do texto que se tornam conhecidos os acordos, as declarações e as leis que são estabelecidas entre os Estados-Nação, como também os desacordos que ocorreram no contexto da história da humanidade, no que diz respeito à criação ou ao desaparecimento de reinos, territórios, países, sistemas e regimes de governo. **O texto principia ou finaliza uma proposta.**

O texto, ainda, pode ser encontrado em obras de arte, em composições musicais, em anúncios publicitários, em bulas de remédios, em dietas nutricionais, em cartas comerciais, em cartões de aniversário, em votos de casamento etc. **O texto tem uma funcionalidade** e, por isso marca sua presença na realidade social.

É claro que existem diferentes tipos de textos, visto que eles apresentam múltiplas finalidades. Assim é possível encontrar textos contendo conteúdo mais ou menos denso, como, também, representados, por meio das imagens, poesia, música, simbologias, formas. Essas possibilidades já permitem compreender que o texto é um código a ser decifrado, ou melhor, interpretado, e encontra-se presente como meio de exteriorizar ideias, pensamentos, sentimentos, teorias, conceitos etc. **O texto é um veículo da linguagem.** É uma ação que comunica a vida em sua plenitude. Por meio do texto já se conferiu sentenças de condenação ou de absolvição. Já se declarou amor e ódio, amizade e inimizade, vida e morte.

Observa-se que o viés do texto tende a sofrer modificações, conforme o seu objetivo. Isso pressupõe pensar que o texto pode ser político, econômico, social, religioso, cultural etc. O texto é referenciado por seu contexto e o representa seja para dizer ou desdizer, afirmar ou refutar, conformar ou transgredir, falar ou silenciar. **O texto é gerador de posicionamentos,** portanto, não pode existir neutralidade na sua forma de apresentar a tese a ser defendida.

Acerca da tese a ser defendida, o texto em seu ato de composição, pode usar estratégias ou técnicas que lhe favorecem, por isso a produção e a construção do texto seguem caminhos e um desses caminhos ocorre por meio da redação científica, a qual é utilizada para dar evidência ao objeto investigado com o auxílio de fundamentação teórica especializada na temática a ser desenvolvida.

Conclui-se que o texto é uma ferramenta de comunicação fundamental para o desenvolvimento da humanidade. **O texto pode ser resumido em cinco dimensões**: 1ª- ser definido como arte; 2ª- iniciar ou finalizar uma proposta; 3ª- apresentar uma funcionalidade; 4ª- ser veículo da linguagem; e 5-ª gerar posicionamentos. Essas dimensões estão presentes na poesia "Ai, palavras!", de autoria de Cecília Meirelles, e disponibilizado na página da internet: O Impresssionista.

> Ai, palavras, ai palavras,
> que estranha potência, a vossa!
> Ai, palavras, ai palavras,
> sois o vento, ides no vento,
> e, em tão rápida existência,
> tudo se forma e transforma!
> Sois de vento, ides no vento,
> e quedais, com sorte nova!
> Ai, palavras, ai palavras,
> que estranha potência, a vossa!
> Todo o sentido da vida
> principia à vossa porta;

o mel do amor cristaliza
seu perfume em vossa rosa;
sois o sonho e sois audácia,
calúnia, fúria, derrota…
A liberdade das almas,
ai! com letras se elabora…
E dos venenos humanos
sois a mais fina retorta:
frágil como o vidro
e mais que o são poderosa!
Reis, impérios, povos, tempos,
pelo vosso impulso rodam…

(Cecília Meireles)

Apresenta-se, agora, a proposta metodológica desenhada para a obra, a partir de doze Unidades Temáticas, as quais elegem como finalidade tornar o processo de construção e produção de textos científicos mais digeríveis ao pesquisador. Isso porque, esse processo requer do pesquisador não apenas autonomia, mas criatividade, versatilidade, responsabilidade, compromisso e espírito investigativo para ir além do que já está evidenciado. São essas competências que precisam estar presentes na constituição do pesquisador.

A constituição do pesquisador não pode ser considerada como uma ação formativa temporal, mas atemporal, visto que requer o aprender a aprender continuamente. Não se faz um pesquisador pela ótica teórica, antes, ele se constitui na interrelação entre teoria e prática. Quanto mais o pesquisador se envolve com a pesquisa, mais habilidade, acuidade e perícia, ele obterá no ato investigativo.

Dito isto, surge a necessidade de apresentar sinteticamente o conteúdo a ser desenvolvido nas Unidades Temáticas, embora se tenha a consciência de que as mesmas não estão fechadas e acabadas, antes introduzem temáticas que poderão ser aprofundadas, discutidas e até ressignificadas no contexto formativo.

A **primeira Unidade Temática** visa apresentar o papel da ética no contexto da pesquisa. Afinal, cabe ao pesquisador manter a qualidade de sua investigação, observando uma postura crítica, reflexiva e ética na construção de seus argumentos. Pensa-se, aqui, numa perspectiva de valor e lisura, frente ao trabalho com as diferentes fontes consultadas.

A **segunda Unidade Temática** aborda sobre a inserção do pesquisador e sua responsabilidade diante da investigação a ser efetivada. Isso já assinala sobre a necessidade de refletir sobre o conhecimento, lançando mão de uma linha de pensamento.

A **terceira Unidade Temática** objetiva analisar a relevância da Metodologia da Pesquisa no contexto da Teologia, apresentando possibilidades de investigação, cuja ênfase é ministerial, o que cabe não apenas pesquisas de cunho teórico ou conceitual, mas prático e aplicacional. Isso revela que a proposta metodológica a ser seguida é mais completa e complexa, porque tenta dar vida e significado às teorias na realidade ou contexto de ação.

A **quarta Unidade Temática** objetiva discutir sobre os diferentes gêneros textuais, situando o pesquisador diante das possibilidades de sua utilização. Afinal, os gêneros textuais estão presentes na realidade do dia a dia, embora muitas vezes, eles não são identificados como campos da linguagem. O certo é reconhecer a sua presença a partir de cinco ações encadeadoras do ato discursivo, a saber: relatar; narrar; argumentar; expor; e descrever. Essas ações foram categorizadas nos trabalhos de Schneuwly e Dolz (2004, p. 60-61).

A **quinta Unidade Temática** informa sobre os diversos tipos textuais, apresentando suas características e utilidade no âmbito da comunicação, quer seja expressa ou oral. Pode-se dizer que a tipologia textual é a forma de materializar a produção discursiva, quer seja em nível de leitura, quer seja em nível de escrita.

A **sexta Unidade Temática** argumenta sobre o ato do conhecer e sua inserção na realidade social, à medida que identifica a relevância do conhecimento como base e sustento das relações sociais. Este conhecimento é assimilado pelo ser humano por meio da cultura e da educação, quer seja formal ou informal.

A **sétima Unidade Temática** amplia a questão do conhecimento, evidenciando as classificações e tipologias, as quais auxiliam no processo de descoberta sobre a realidade circundante. Afinal, o ato de conhecer é basilar para o processo de inovação, flexibilização e transformação dos objetos do conhecimento.

A **oitava Unidade Temática** analisa sobre algumas das teorias presentes na realidade social, evidenciando as bases defendidas. Ainda, discorre sobre a cosmovisão cristã bíblica, cuja centralidade reside no ato da revelação.

A **nona Unidade Temática** discorre sobre o processo argumentativo, à medida que lhe atribui valor, finalidade, significado e representatividade no campo discursivo. A argumentação envolve, ainda, aspectos lógicos que ajudam o ato comunicativo.

A **décima Unidade Temática** versa sobre a questão técnica associada à redação e ao trabalho científico, à medida que sinaliza para o ato de sua composição. Alerta sobre os cuidados que o pesquisador precisa ter no ato da produção e elaboração da produção textual.

As últimas Unidades Temáticas têm caráter teórico-prático. Nelas, objetiva-se demonstrar não apenas os itens que compõem um Projeto de Pesquisa, sendo ele essencial para a construção de artigos, ensaios, *paper*, dissertações e teses. O Projeto de Pesquisa é a base que norteará os caminhos a serem perseguidos pelo pesquisador, por isso é fundamental atuar com ética e responsabilidade científica diante do objeto a ser investigado. Afinal, o trabalho produzido torna-se público, ou seja, é devolvido à sociedade porque, nele, reside uma função social de caráter contributivo.

Ao finalizar esta apresentação, vale relembrar que a missão é desafiante, mas possível, porém é preciso que haja dedicação e compromisso diante da proposta levantada. Afinal, não se está fazendo um estudo por fazer, mas por acreditar que seja possível fazer o que sempre se fez, utilizando técnicas e alternativas de trabalho, pois o que se faz deve visar sempre à glória de Deus. Como está escrito: "Portanto, seja comendo, seja bebendo, seja fazendo qualquer coisa, fazei tudo para a glória de Deus" I Co 10.31. Esse é o chamado, essa é a visão e a direção.

4.
UNIDADE TEMÁTICA 1: ÉTICA APLICADA À PRODUÇÃO CIENTÍFICA

Não se pensa aqui fazer um estudo da ética, mas de calçar os argumentos sobre sua aplicabilidade na pesquisa, a partir dos seus princípios, pois eles são essenciais ao processo de produção e construção do conhecimento. Afinal, "a ética se apresenta como uma reflexão crítica sobre a moralidade, sobre a dimensão moral do comportamento humano" (RIOS, 2001, p. 23). Tanto é assim, que a apropriação indevida de informações, expressões e citações de outro autor é considerada crime, por isso que essa prática, denominada plágio, é perniciosa e precisa ser eliminada, porque inflige frontalmente os princípios éticos.

Elege-se a ética como o primeiro tema a ser abordado na trajetória formativa do pesquisador, devido à sua natureza valorativa, visto que a partir deste estudo a consciência sobre o processo de produção científica será mais acurado, na medida em que trará responsabilidade diante das afirmações efetivadas, como da forma de tratamento criterioso a ser mantido, com relação aos dados e às informações defendidas no texto que compõe a pesquisa.

A pergunta norteadora que fundamenta a construção desta Unidade Temática traz a seguinte questão: por que é tão importante preservar e referenciar as fontes no interior de um trabalho de pesquisa? Seria isso preciosismo ou uma postura ética do pesquisador, frente a sua produção? É possível justificar o uso indevido das fontes?

A proposta da ética não se limita ao sujeito em si, mas o supera, à medida que aponta para a presença do outro, o que já traz a responsabilização dos atos, a partir do processo de conscientização que é gerado, o que revela que a ética não pode ser uma decisão restritamente individual, baseada numa prática hedonista, mas solidária e participativa, principalmente quando ela está diretamente associada à pesquisa. Isso porque, a postura ética reflete na atitude de respeito. "O respeito, todavia, não está somente na outra pessoa que pesquisa, mas, também, no que é escrito por ela" (AQUINO, 2010, p. 5), por isso cabe ao pesquisador saber utilizar bem as fontes, evitando a cópia desleal.

O caráter solidário presente na ética pressupõe que ela se expressa em um contexto social, marcado pelas relações e interações estabelecidas. Assim, é possível dizer que a ética informa sobre o grau de responsabilização exercido pelos sujeitos em interação, visto que "uma vez que o outro está presente em mim, eu não posso deixar de estar responsabilizado, pois até a indiferença já é uma resposta. As circunstâncias do outro me afetam, me interpelam e principalmente me responsabilizam" (RUIZ, 2011, p. 243).

Ao se falar em pesquisa, uma das primeiras inquietações que vem à mente do pesquisador se refere à definição e composição do objeto de investigação, uma vez que não se trata de uma mera suposição advinda do acaso, mas de um fenômeno provocador/desestabilizador da realidade em que se está inserido como sujeito participativo e histórico. Isto implica em olhar o contexto marcado pela complexidade e diversidade de linguagens a serem confrontadas, percebidas e conhecidas sob uma nova significação, pois aquela que se conhece é geradora de desconforto, desconfiança e não mais satisfaz ou responde em termos de explicação do real.

A pesquisa é, então, considerada como o ato do (des)cobrimento do real e ou de suas partes constituintes e que por isto mesmo será apresentada sob uma nova explicação, o que possibilita depreender que o objeto se constitui na realidade vivida, experenciada e observada. Apresenta-se como uma possibilidade de apreender a realidade, na forma como o fenômeno se corporifica, ganha movimento e expressão.

A pesquisa é uma das formas de produzir o conhecimento e socializá-lo, isto porque oportuniza ao pesquisador o contato direto com as fontes que precisam ser investigadas, analisadas, aplicadas e elaboradas, a partir de uma problemática que se pretende responder, elucidar ou clarificar. Nesta perspectiva, o objeto da pesquisa é situado no tempo e no contexto histórico; e por isso mesmo ocupa um espaço de relevância real, cujo nascedouro pode ser encontrado na experiência, na observação e na curiosidade do investigador, a partir de uma problemática levantada.

O objeto surge como fruto de incertezas provindas de fatos da realidade, cujo objetivo se mostra no desvelamento do desconhecido e, ou, na ampliação do que se tem conhecido sobre a realidade. Ele se corporifica na intencionalidade do pesquisador no ato da investigação e por esta razão, ele precisa tomar distância para tecer as leituras que subjaz a realidade.

Nesse ato de ler a realidade, novas linguagens vão sendo construídas e um novo sentido é configurado e é neste momento que a pesquisa se apresenta como um caminho para (re)pensar o pensado e trilhar novas possibilidades, porém esse pensar precisa estar comprometido com a verdade, o que demanda trabalhar com a perspectiva ética.

A perspectiva ética na pesquisa não está apenas restrita à utilização de fontes, mas da responsabilidade do pesquisador na divulgação e no tratamento das informações colhidas. Isso indica que ele deve ser o primeiro a rejeitar imprecisões e conclusões que se distanciam dos dados apurados e analisados no processo de investigação. O pesquisador é autor de uma proposta que pode influenciar ou alterar os rumos do pensamento em uma determinada área do conhecimento, por isso que a seriedade é considerada fundamental no processo investigativo.

A autoria é também uma temática que precisa ser revisitada, pois ela informa sobre o processo de produção efetivado pelo pesquisador e do ineditismo buscado, quando da publicação de suas produções científicas. Assim, pode-se inferir que a autoria é uma ação de responsabilização pelas informações veiculadas em um texto. Ela diz da identidade do autor, ou seja, as ideias veiculadas falam da forma do pensamento expresso por ele, na medida em que traduzem o dizer do autor e do modo como ele se apropria da realidade.

A ética apresenta uma série de princípios ou axiomas que fundamentam as relações humanas. Ela sistematiza normas, padrões e valores que são legitimados no interior de uma sociedade e, que são transmitidos de geração a geração, embora alguns destes princípios, ainda, continuam sendo alvos de novas leituras e ressignificações, devido ao processo de relativização presente na formação das novas mentalidades.

Os princípios éticos informam sobre a origem do mal, a distinção entre certo e errado, a perspectiva valorativa de verdade sobre a realidade, a forma de comportamento aceitável e legitimado pela sociedade e grupo social, o viés moral presente na conduta humana, o sentido de justiça, liberdade, igualdade e amor a ser buscado e validado nas relações sociais.

A ética em sua vertente principiológica, informa que no âmbito da pesquisa o que se produz, enquanto afirmação ou refutação, demonstra veracidade do que é descrito ou relatado a partir dos argumentos desenvolvidos. Tanto é assim, que se parte da seguinte premissa: "Os princípios são considerados autônomos e valorativos. Autônomos porque têm vida própria, e, como fundamentos, não dependem de outras ideias. Valorativos porque contêm ideias de valor significativo e universal" (CASTILHO, 2011, p. 139).

Santos (2004, p. 24) define a ética como o campo do conhecimento que zela pela ação humana, na forma como ela apresenta modelos de conduta conveniente e se torna expressão da essência humana. Nessa expressão, a ética tenta tecer relações entre as dimensões, espiritual e material, no sentido do equilíbrio e bem maior. Assim, é possível dizer que isso ocorre porque "o ato moral é correto quando se conforma ao princípio relevante e justo da obrigação moral. O princípio correto da obrigação moral é o intrinsecamente certo ou derivado de um princípio inerentemente correto" (MORELAND; CRAIG, 2005, p. 546).

A ética busca a excelência na conduta humana. Essa excelência é qualificada nos comportamentos e nas atitudes manifestas, segundo um princípio motivador e gerador da ação ética revelada e que transcende a visão humana. A ética nesta acepção reage contrariamente à ideia defendida no contexto pós-moderno de que,

> A ética é explicação daquilo que foi ou é e não uma simples descrição. **Não lhe cabe formular juízos de valor sobre a prática moral de outras sociedades, ou de outras épocas, em nome de uma moral absoluta e universal**, mas deve, antes, explicar a razão de ser desta pluralidade e das mudanças de moral; isto é, deve esclarecer o fato de os homens terem recorrido a práticas morais diferentes e opostas (VASQUEZ, 2005, p. 21). (grifo meu)

A ética originária e suprema contradiz a perspectiva justificada da prática moral no contexto da relatividade histórica e cultural, visto que é no interior dessas experiências que o ser humano pode analisar as condutas sociais estabelecidas e procurar um caminho que seja alternativo às escolhas do passado, ou seja, não é apresentar desculpas, ou amenizar ou até mesmo acomodar, mas transformar. Isso, portanto, não é muito fácil de ser concretizado, visto ao estado limitador em que se encontra o próprio ser humano, bem como por sua capacidade de ir à busca de reconhecimento de seus feitos, o que muitas vezes o faz repetir os erros do passado.

A partir desta percepção, há uma distorção do sentido originário da ética e sua substituição por uma ação moral mais adequada ao momento. Assim, a ética é o resultado de uma escolha diante de um caso concreto e que pode divergir de pessoa para pessoa, pois ela assume um caráter mais subjetivo do que objetivo. Disso resulta o problema ético enfrentado na contemporaneidade, porque não há uma regra geral, mas uma motivação centrada no posicionamento denominado "politicamente correto".

O posicionamento politicamente correto deve ser dizimado das relações humanas, visto que ele reflete em uma atitude relativista, fluida e não firmada no princípio da ética revelada. Assim, não há como defende-lo e viver distanciado do princípio da ética revelada, quer seja no falar, pensar, agir, relacionar. Diante disso, o teólogo na pele do pesquisador precisa conduzir suas condutas pautadas na perspectiva da ética revelada, o que implica em ter posicionamentos firmados e aprováveis e isso requer considerá-la presente na sua vida, ou seja, em sua integralidade.

É preciso ressaltar que a concepção de ética defendida não se impõe pelo autoritarismo e pela negação de outras formas de conduta. Apenas, que pauta as atitudes daqueles que a assumem como princípio basilar de suas vidas. E ao assumi-la, há uma corresponsabilização que se verifica no contexto das relações estabelecidas, por isso que não há como agir de forma relativizada, ou seja, conforme o momento ou a situação. Antes, existem padrões que sustentam as decisões, os comportamentos e as atitudes. Existe o certo e o errado, o bom e o mau, o verdadeiro e o falso.

Interessante que no campo da pesquisa não há como agir sem estabelecer posicionamentos. Os posicionamentos firmam-se como resultado das análises efetivadas. Claro que isso não quer dizer que sejam conclusivas, mas não há neutralidade na construção dos argumentos e nem mesmo nos parâmetros utilizados como fios condutores na produção de ideias, conceitos e significados acerca de um objeto investigado. Afinal, até mesma a eleição teórica e metodológica já evidencia a linha de pensamento a ser desenvolvida.

Feitas as observações sobre a ética na perspectiva da revelação, pode-se agora enumerar o que se espera do pesquisador que assume essa visão.

Nesse intento, são sete atitudes a serem observadas. A **primeira atitude** refere-se à fidelidade aos princípios revelados, isso sinaliza para a responsabilidade do pesquisador em agir a partir de uma ótica cristã bíblica, distanciando-se de influências que possam contaminar ou distorcer sua cosmovisão, antes é preciso firmar suas convicções.

A **segunda atitude** é filtrar as teorias que circulam na realidade social, no sentido de refletir sobre as mesmas, apresentando suas incoerências e lacunas, por isso que o aprofundamento se faz necessário no ato de eleição das que de fato podem ajudar no processo de construção dos argumentos e que não contaminam a perspectiva bíblica.

A **terceira atitude** ressalta a necessidade que o pesquisador precisa ter para argumentar com propriedade, desenvolvendo-se intelectualmente. Para isso, é preciso dominar a temática escolhida a ser investigada. É claro que será necessário ler sobre o que foi construído sobre a temática, mas isso não quer dizer apropriar-se do pensamento do outro, mas de utilizá-lo como parâmetro para discussão ou fundamentação das ideias.

A **quarta atitude** diz respeito à honestidade do pesquisador diante do objeto investigado, reconhecendo as limitações e não tentando apresentar ideias que partem do senso comum (achismo), ou seja, que são consideradas inconsistentes e infundadas e que, por isso, carecem de investigação e aprimoramento teórico-metodológico.

A **quinta atitude** é a presença do rigor teórico-metodológico que precisa ser mantido pelo pesquisador na condução da investigação. Por isso, não cabe cópias de trabalhos já existentes. Antes é preciso eleger um método de investigação válido e substancioso, a fim de atribuir validade e legitimidade à produção tecida.

A **sexta atitude** é a escolha do referencial teórico que auxiliará no processo de fundamentação dos argumentos acerca do objeto investigado. Não há como fazer aderências contraditórias de pensamento. É preciso ter coerência entre os autores. Isso não indica, porém, que o pesquisador utilizará apenas autores de uma linha, mas que é preciso, também, abordar sobre os que a contradizem, por isso que o estudo aprofundado das correntes é indispensável ao ato de produção do texto, na medida em que se tece a defesa ou se apresenta as lacunas ou incoerências identificadas.

A **sétima atitude** refere-se à utilização de fontes. Essas fontes podem ser apresentadas no texto em forma de citação. A citação é um texto de um autor ou autores, que explicita sobre a temática investigada. A partir da citação é possível apresentar, subsidiar, sustentar, conflitar com os argumentos construídos. Citações podem ser definidas como "informações extraídas de outras fontes que colocamos em nosso trabalho para fortalecer a argumentação" (MASCARENHAS, 2012, p. 111).

A Associação Brasileira de Normas Técnicas- ABNT[1] informa que a citação é a informação retirada de uma fonte para ser inserida no texto. E ela pode ser direta, indireta, de fonte escrita ou oral.

A partir da definição sobre a finalidade da citação, existem três maneiras adequadas de inseri-las nos textos: direta até três linhas; direta com mais de três linhas; e indireta. A citação da citação (o chamado *apud*) deve ser evitada, por isso não será alistada como possibilidade.

A citação direta "ou transcrição, é a exposição exata de palavras ou trechos de um autor, devendo corresponder rigorosamente ao original, em redação, ortografia e pontuação" (MATIAS-PEREIRA, 2012, p. 98).

A citação direta de até três linhas é incorporada ao texto a partir da colocação de aspas duplas. Exemplo:

> Sobre o conhecimento de Deus no contexto da lente judaica, pode-se dizer que "O perfeito conhecimento do Criador se dará tanto no coração quanto na verbalização, após verificação lógica de Sua Unicidade e a capacidade do indivíduo de demonstrar que conhece o Uno absoluto [...]" (PACUDA, 2010, p. 39).

Observe que a citação é iniciada e finalizada com aspas. A referência é inserida em parêntesis, na dotação autor, ano e página. Este é o modelo a ser utilizado, não se fará uso de rodapé, mas da referência no corpo do texto. Quando, porém, a citação inicia o parágrafo, então ela inicia com aspas e termina com ponto, só depois, se insere as aspas. Como no exemplo de parágrafo:

> "Além de não cometer plágio, você deve tomar cuidado para dosar a quantidade de citações em seu trabalho" (MASCARENHAS, 2012, p. 26). Isso indica, que o bom senso é o que dirige a ação do investigador.

---

1 ASSOCIAÇÃO BRASILEIRA DE NORMAS TÉCNICAS. **NBR10520**: informação e documentação – apresentação de citações em documentos. Rio de Janeiro, 2002.

Ainda sobre a citação direta, é preciso dizer que poderá haver supressão de partes do texto (elipse), quando isso ocorrer, deve-se grafar assim:

> "[...] a formação assume uma posição de inclusão, posto que implica num constante processo de desenvolvimento humano" (VEIGA, 2007, p. 26).

O recurso dos colchetes pode ser utilizado tanto para citações incorporadas ao corpo do texto, como recuadas a quatro centímetros (4 cm) da régua. Porém, nos dois casos, é preciso discutir sobre as ideias apresentadas. Afinal, o uso da citação precisa estar concatenado com o texto.

A citação direta com mais de três linhas, deve ser recuada a quatro centímetros (4 cm) da régua, margem esquerda. O texto justificado, entrelinhas simples e tamanho da fonte reduzida para 10 (redução dos caracteres tipográficos). Neste tipo de citação não é possível trabalhar com textos extensos. O limite é de 15 linhas. No final, você deve comentar, discutindo a ideia apresentada, como no exemplo apresentado nos quadros. O primeiro contém a citação direta e o segundo a discussão sobre a citação:

1º Quadro: Citação

> A cosmovisão envolve impactos na forma de ser e agir de diferentes grupos sociais, isto porque em seu interior há concepções relacionadas à forma como homens e mulheres tecem leituras sobre a realidade. Essas leituras evidenciam-se no contexto social a partir de decisões e respostas que são dadas frente às problemáticas levantadas na realidade (DOMINGUES, 2014, p. 165).

2º Quadro: Argumentação

> Ao se tomar a cosmovisão como objeto de investigação faz-se necessário discutir sobre o seu conceito, pois ao identificar sua finalidade é possível compreender como as redes que estão conectadas em seu interior vão sendo incorporadas nas formas de pensar, agir e sentir de homens e mulheres que adotaram um tipo de cosmovisão e não outro.

A citação indireta é uma forma de apresentar a ideia do autor, por meio da condensação ou da paráfrase. Por esse motivo, que em caso de utilização desse recurso é preciso fazer a notação autor/data, se o que se faz referência é da obra como um todo. Se a referência for de partes do texto, então se faz necessário apresentar as páginas utilizadas na composição do texto ou argumento.

Na citação indireta, "o autor pode inserir o conteúdo e as ideias de outro autor em seu trabalho com sua própria redação. Nesse caso, o trabalho relatado também deve ser citado no corpo do texto" (PEREIRA, 2012, p. 98).

Exemplo:

> A apresentação dos fundamentos basilares gira em torno das questões elencadas por Geisler (2002), como uma demarcação didático-metodológica, visando lançar luzes sobre o sistema de crenças eleito nesta investigação. Busca-se elencar, então, a forma como cada sistema de crenças se posiciona em relação às questões fundamentais que versam sobre o ser humano, a ética, a origem e Deus.

Citações extraídas do mesmo autor, em obras diversas do mesmo ano, devem vir notificadas com o acréscimo de letras minúsculas, após a citação do ano, como: Domingues (2012a); Domingues (2012b).

Se a citação é oriunda de um texto traduzido, deve-se ao final da mesma assinalar entre parêntesis, o termo "Tradução nossa". O texto original deve ser disponibilizado em nota de rodapé. Como neste exemplo:

> Compreende-se o sentido da cultura como "a adesão a uma comunidade discursiva que compartilha tanto um espaço sócio-histórico comum, como imaginações comuns" (KRAMSH, 2003, p. 10) (Tradução nossa).
>
> Observação, ao se fazer uso de uma citação em língua estrangeira, deve-se adicionar, em nota de rodapé, o texto na sua língua original:
>
> "Culture can be defined as membership in a discourse Community that shares a common social space and history, and common imaginings" (KRAMSH, 2003, p. 10).

Se a citação for de autores diferentes e de vários documentos, ela deve vir separada por **ponto em vírgula**, conforme o exemplo: (CUNHA; DOMINGUES; 2012; 2013; 2017; 2018).

Já a citação de autores com o mesmo sobrenome deve ser distinguida, a partir do acréscimo da primeira letra de seus prenomes, como em:

> DOMINGUES, G, 2012, p. 5.
> DOMINGUES, A, 2017, p. 28.

Para destacar um trecho da citação, utiliza-se, após o texto, a expressão: grifo nosso, entre parêntesis. Exemplo:

> A mudança de cultura, então, não muda apenas o pensamento sobre a vida e as relações, **mas os próprios comportamentos que são materializados, vivenciados e experimentados na própria vida**, pois nela infunde-se um sistema integrado de crenças e valores. (DOMINGUES, 2015, p. 56) (grifo nosso)

Por fim, para citações que já apresentam o uso de aspas duplas, faz-se necessário substitui-las por aspas simples. Observe o exemplo apresentado, a palavra **objetividade** no texto original apresenta aspas duplas, na citação, ela passa a ter aspas simples.

> Para Fiorin (2018, p. 197), "a 'objetividade' é considerada uma marca do discurso jornalístico".

O recurso da citação informa que é possível utilizar fontes de forma adequada, sem, contudo, cair na armadilha do plágio. O plágio em hipótese alguma pode ser um recurso que o pesquisador deve lançar mão. Além de não ser ético, ele põe em risco e em dúvida toda a produção do texto e mais grave, desautoriza o pesquisador e o conduz ao descrédito.

Para finalizar, faz-se necessário abordar sobre o **espírito científico ou investigativo** a ser mantido no processo da produção da pesquisa. O espírito científico informa sobre a postura do investigador diante do objeto e que não pode contrariar aos princípios éticos que conduzem as relações entre sujeito e objeto da investigação, por isso ele precisa agir com cuidado e ser leal às descobertas efetivadas.

A ética pauta as ações do pesquisador. É ela que também assegura legitimidade e crédito ao texto, uma vez que a sua publicação se torna reconhecida, podendo, inclusive, ser referenciada por outros trabalhos e autores. É essa notoriedade profissional que o pesquisador deve buscar, visto que legitima sua investigação, a qual obtém crédito da comunidade científica, ao mesmo tempo em que informa sobre a beleza do trabalho desenvolvido.

Agora, sim, é possível ver se houve aprendizado, na medida em que se observa os itens destacados nesta Unidade. Respire, porque é apenas o início de uma excelente jornada.

5.
UNIDADE TEMÁTICA 2: A ARTE DE PESQUISAR E A INSERÇÃO DO PESQUISADOR

Ao associar o significado da pesquisa com arte, o que se faz é pensar no processo de construção de ideias, conceitos e teorias. Esse processo é fruto de um trabalho contínuo que envolve lapidação de uma matéria bruta, que se encontra desprovida de forma, cor, espessura e vida. Afinal, a arte de pesquisar completa-se no contexto social. Na verdade, ela nasce nele e volta para ele. Daí porque se diz que a pesquisa tem função social.

O processo de construção da pesquisa pode ser delimitado no surgimento de uma reflexão. Essa reflexão vem acompanhada de uma possível ideia, mas que deve ser questionada, testada e avaliada, no sentido de perceber se a mesma explicita o que se levantou como possibilidade. A ideia pode ser considerada como a semente que precisa ser germinada na produção de novos conhecimentos. É por esse motivo que a pesquisa se torna um instrumento válido para trabalhar com essa matéria bruta (ideia) e transformá-la em uma obra de arte.

Diante da temática a ser desenvolvida nesta Unidade levantam-se as seguintes indagações: o que se pode denominar de pesquisa? Quem é o pesquisador? Que competências precisam ser verificadas na ação do pesquisador, diante do objeto de investigação?

O significado atribuído à palavra pesquisa, originário do latim, é procurar, buscar com cuidado e profundidade, inquirir, perguntar. Isso manifesta a finalidade e função deste ato, ou seja, ir ao encontro de algo para dar evidências de sua aplicabilidade na realidade social. Assim, pesquisa não pode ser considerada uma ação pontual e acabada, antes ela demonstra a necessidade de se investigar, explorar, perquirir, refletir continuamente, na medida em que visa traduzir/informar com responsabilidade sobre as descobertas efetivadas.

O Dicionário de Metodologia Científica conceitua pesquisa como o "processo através do qual a ciência busca dar resposta aos problemas que se lhe apresentam. Investigação sistemática de determinado assunto que visa obter novas informações" (APPOLINÁRIO, 2011, p. 145). Isso demonstra que a pesquisa visa um resultado e isso faz referência à complexidade que a envolve na busca por novos conhecimentos e explicações sobre o objeto investigado.

Outro conceito de pesquisa a define como "o procedimento racional e sistemático que tem como objetivo proporcionar respostas aos problemas que são propostos" (GIL, 2010, p. 1). Infere-se, então, que a pesquisa não é fruto do mero acaso, mas que requer a aplicação de métodos, metodologias e técnicas que visam à solução de um problema advindo da realidade.

Assim, a preocupação precípua da pesquisa é elucidar sobre um fato ou fenômeno presente na realidade social. Para tal, parte de uma pergunta-chave. Essa pergunta consistirá na direção a ser trilhada pelo pesquisador em busca de explicações e respostas. Fica claro, então, que a pesquisa trabalhará com pressupostos, que serão examinados à luz de diferentes teorias.

Os pressupostos referem-se às ideias que fundamentarão os argumentos construídos acerca de um objeto ou fenômeno. O Dicionário de Metodologia Científica (APPOLINÁRIO, 2011, p. 155) define pressuposto como conjectura, premissa ou como sinônimo de axioma e que tem como ponto de partida a validade e a veracidade de uma sentença.

As proposições têm as seguintes características fundamentais, as de "serem capazes de lançar luzes sobre questões reais; serem claras e inteligíveis; e apresentarem com precisão as relações abstratas entre elementos, fatos e processos" (MINAYO et al, 2016, p. 18). Por esse motivo, é que se diz que as proposições são ferramentas essenciais ao processo de construção do argumento. Nesse processo, o pesquisador lança mão da inferência, a fim de chegar a uma conclusão ou resposta sobre a ideia levantada.

É importante ressaltar que a pesquisa reclama para si um trabalho interdisciplinar, visto que na busca por respostas lança mão de teorias situadas em diferentes áreas do conhecimento e que refletem sobre o objeto a partir de suas premissas e ou pressupostos. Essas teorias possibilitam tecer múltiplas leituras sobre o objeto investigado, o que amplia o leque de possibilidades concernentes aos significados gerados e que resultam na compreensão e interpretação de seus conceitos.

Assim, ao se falar em práticas ministeriais eclesiásticas de liderança é possível utilizar-se das premissas da ciência da Administração; Psicologia e Administração Eclesiástica, que ao compartilharem os conceitos entre si torna-se possível apresentar explicações coerentes e significativas que visam a um denominador comum. Exemplificando:

Elaboração da Autora, 2018.

No exemplo apresentado sobre a temática "liderança" é possível enxergar a possibilidade de efetivar a interdisciplinaridade entre as áreas eleitas na produção dos argumentos a serem desenvolvidos. Nesse sentido, pode-se inferir que se definirão conceitos e teorias por meio do compartilhamento de pressupostos pertinentes a essas áreas de estudo.

Outro exemplo que pode ser apresentado diz respeito ao Aconselhamento Pastoral, que por meio da interdisciplinaridade é possível tratar da temática de uma forma mais abrangente e completa, na medida em que se lança mão de áreas afins como Psicologia, Neurociência, Logoterapia, Psicodrama, no sentido de compreender o fenômeno, conceituá-lo e expo-lo diante da teoria e da prática de vida.

O certo é compreender que na arte de pesquisar o sujeito produz conhecimentos que podem ser aplicados em situações reais. Esses conhecimentos são munidos de conceitos e teorias. Mas, o que seria conceito e teoria? Qual sua participação no processo de construção do conhecimento?

O Dicionário de Metodologia Científica descreve o conceito como um "objeto, evento, situação ou propriedade que possui certos atributos essenciais [...]. O conceito é necessariamente abstrato e designado numa determinada cultura" (APPOLINÁRIO, 2011, p. 32). Essa designação ocorre por meio da utilização de signos e ou símbolos e por esse motivo pode assumir representações diferenciadas em contextos culturais específicos.

Conceitos revelam o sentido da palavra em um determinado contexto. Assim, para que o sentido seja revelado é preciso partir do contexto em que a palavra foi gerada. Minayo et al (2016, p. 19) dizem que os "conceitos são vocábulos ou expressões carregados de sentidos, em torno dos quais existe muita história e muita ação social".

Amplia-se a perspectiva de Minayo et al (2016), ao afirmar que o conceito ao atribuir sentido a uma palavra está impregnado de significado, por isso pode ser considerado mais que uma unidade vocabular ou de expressão, visto que sua função é político-social, sendo ela apropriada ou legitimada por meio da cultura. Assim, quando se está diante da palavra "liderança", esta pode vir a ter sentidos variados ou polissêmicos, mediante o contexto em que ela ganha vida, movimento e expressão, porém é preciso ressaltar que o leitor precisa estar atento em encontrar o significado atribuído pelo autor à palavra e não deduzir ou extrapolar seu sentido.

Uma coisa é interpretar o sentido da palavra para um contexto, outra é atribuir um sentido diferente ao da sua origem. Isso remete a inferir que é necessário compreender o que o autor quis dizer e não o que se pensa que o autor quis dizer. Existe uma diferença enorme entre essas duas percepções do texto (sentido atribuído pelo autor e o sentido atribuído pelo leitor) e o contexto em que a palavra é pronunciada. O que isso significa? Pense nas seguintes situações hipotéticas com relação ao conceito de liderança:

a) Professor da área da Administração. Nessa situação, a palavra liderança é um conceito a ser desenvolvido pelos estudantes em suas práticas de adminstração e gestão de pessoas e processos. Não se pode pensar liderança como uma prática de assessoramento ou desnecessária à formação do gestor.

b) Ministro eclesiástico. Nessa situação, a palavra liderança refere-se à formação e ao desenvolvimento de líderes que exercerão diferentes atividades à frente de seus departamentos e não a um tipo de comando para ação.

c) Liderado: Essa hipótese ilustra sobre a percepção do subordinado em relação ao líder, inclusive classificando a liderança por ele exercida.

d) Treinamento e Desenvolvimento: Essa hipótese demarca a presença de situações-problema criadas pelo instrutor/mediador/facilitador, a fim de que os participantes apresentem possíveis ações para resolverem os casos apresentados, demonstrando proatividade, sinergia, flexibilidade, gestão do trabalho em equipe, ou seja, qualidades essenciais à liderança.

Observe que a palavra liderança apresenta significados diferenciados, a partir da situação em que ela está inserida. Isso revela que a leitura ou o contexto em que ela será significada ganhará uma definição mediante sua prática, porém isso não altera o seu sentido principal, visto que parte da ideia ou do conceito que envolve a gestão, quer seja de pessoas ou processos.

Seria possível apresentar outros exemplos, porém esses já são suficientes para ilustrar a finalidade e a funcionalidade do conceito com relação aos sentidos gerados em um contexto específico. Por esses exemplos, é possível concluir que os diferentes sentidos produzidos determinarão a sua aplicabilidade na realidade social. A partir do conceito são formuladas teorias que ampliam e aprofundam o conhecimento sobre o objeto ou o fenômeno significado.

O Dicionário de Metodologia Científica (APPOLINÁRIO, 2011, p. 179) conceitua teoria como "um conjunto articulado de afirmações ou explicações acerca de um aspecto específico do universo ou do funcionamento da realidade. Ordenamento sistemático de ideias e proposições". A teoria pode ser entendida como uma maneira de sistematizar o conhecimento sobre um determinado objeto ou fenômeno.

A teoria pode ser, ainda, definida como a maneira em que cada sujeito enxerga a realidade ou ainda a forma como ele a lê, vê, interpreta, explica, significa e descreve. A teoria tem por intenção não apenas detalhar, mas pormenorizar o sentido do que se pesquisa, ou seja, do fenômeno ou objeto investigado. Para tal ação, ela se firma na construção de pressupostos, que irão sustentar a teoria criada e legitimada por uma comunidade científica. Assim, reitera-se que a teoria possibilita a explicação e a compreensão sobre determinado fenômeno, tendo por base os pressupostos. Sobre isso, Minayo et al (2016, p. 17) apresentam quatro funções essenciais da teoria, a saber:

1ª Colaboram para esclarecer melhor o objeto da investigação;

2ª Ajudam a levantar questões, a focalizar o problema ou as perguntas e a estabelecer hipóteses com mais propriedade;

3ª Permitem maior clareza na organização dos dados;

4ª E iluminam a análise dos dados, embora elas não possam direcionar totalmente essa atividade.

Observe que as quatro funções descritas por Minayo et al (2016, p. 17) conduzem a construção de um caminho metodológico a ser perseguido pelo pesquisador. Esse caminho tem a intenção de dar claridade sobre o fenômeno investigado. Para tal, faz-se necessário levantar questões, organizar e analisar os dados. A partir dessas três ações pode-se chegar perto de uma resposta ou consideração sobre o objeto. A seguir, ilustra-se este caminho.

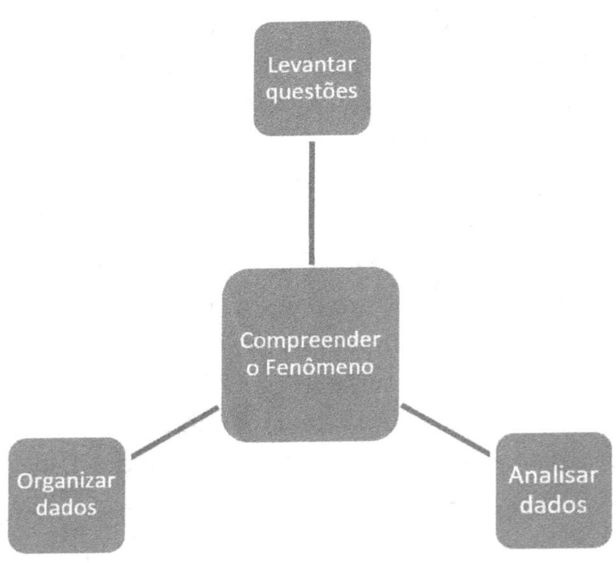

Elaboração da Autora (2018), com base no conceito de Minayo et al (2016).

A partir do caminho metodológico desenhado é possível asseverar que a prática da pesquisa não se consolida sem metodologia. Afinal, é ela que tornará possível que a investigação cumpra as etapas previstas. A constituição do caminho metodológico pode ser considerada como a descrição das etapas a serem seguidas pelo pesquisador para que alcance seu objetivo.

A partir do uso da analogia, a tentativa é de explicitar o valor a ser atribuído à pesquisa, o fazendo por intermédio de duas narrativas. A primeira está no texto bíblico do Evangelho Segundo Lucas; e a segunda no enredo do mito grego, o Minotauro[2]. A análise das narrativas ajudará no processo de compreensão e identificação sobre a arte de pesquisar, que, por sua vez, envolve o desenvolvimento de habilidades e competências do pesquisador ao trabalhar (in) diretamente na explicação do objeto a ser investigado.

Interessante que a narrativa encontrada no Evangelho de Lucas 1.1-4, faz menção à prática da investigação, que precisa ser desenvolvida com muita propriedade e autoridade, embora sua peculiaridade é que ela não se apresenta na forma de uma alegoria ou mito, antes parte da descrição de uma história real, o que demarca a necessidade de precisão em relação aos fatos ocorridos. Isso indica que a pesquisa sempre esteve presente na vida do ser humano. Ela não é uma invenção moderna, ela nasce com o desejo do ser humano descobrir e explorar o desconhecido e, ainda, sistematizar sobre as descobertas efetivadas. O texto do Evangelho de Lucas 1.1-4 diz:

> Visto que muitos têm empreendido uma **narração coordenada dos fatos** que se realizaram entre nós, **transmitidos** pelos que desde o princípio foram suas **testemunhas oculares e ministros da palavra**, pareceu adequado também a mim, excelentíssimo Teófilo, depois de **investigar** tudo **cuidadosamente** desde o começo, escrever-te uma narrativa **em ordem**, para que tenhas **certeza da verdade** das coisas em que foste **instruído**. (grifos nossos)

Segundo a tradição cristã, Lucas, o escritor, faz uma descrição sobre o caminho de investigação adotado na construção dos fatos. Ele parte da eleição de um gênero textual: a narrativa. Essa narrativa consiste na organização coordenada dos fatos, a partir de duas fontes primárias: testemunhas oculares e ministros da palavra. A partir dos dados coletados,

---

2   Disponível em: https://www.infoescola.com/mitologia-grega/minotauro/
    Acesso em 29 de julho de 2018.

há uma preocupação em investigar cuidadosamente, ou seja, com acuidade e atenção, na medida em que o autor lucano imprime sentido lógico a sua produção textual, pois tinha um fim: asseverar que os fatos narrados eram verdadeiros, o que poderia ser conferido por Teófilo (destinatário da carta) com fidedignidade e legitimidade sobre o modo como ele havia sido ensinado por seus instrutores ou discipuladores.

O que se pode depreender do trecho bíblico selecionado é que Lucas, enquanto médico, já seguia um método (caminho metodológico) no desempenho de sua profissão. Afinal, para ele trabalhar a partir de um método era algo familiar e isso lhe ajudou no processo de comunicar a mensagem de maneira organizada e estruturada sobre os fatos investigados.

A palavra investigar no texto bíblico de Lucas 1.1-4 está para cuidado, assim como a palavra ordem (lógica) está para certeza sobre a verdade, pois importa na necessidade de organização de ideias, dados e fatos. Isso demonstra que o ato de investigar precisa ser feito com responsabilidade, atenção e probidade, pois sua finalidade é o estabelecimento da verdade. Essa verdade precisa ser lógica, o que remete para a necessidade de ter coerência nos argumentos desenvolvidos e coesão entre os mesmos, ou seja, "A" justifica e ou complementa "B". Isso impõe a necessidade de que as premissas sejam verdadeiras, a fim de tornar, também, a sua conclusão verdadeira.

Por sua vez, a narrativa do mito do Minotauro, de origem grega, tem seu desfecho a partir da ajuda dada por Ariadne a Teseu, pois a sua intenção era de que Teseu ao vencer o labirinto, matando o Minotauro, deveria casar-se com ela. O desafio, portanto, consistia em entrar no labirinto, onde vivia o Minotauro, e sair dele com vida. Isso era um feito, porque aqueles que haviam tentado a façanha, não saíram de lá com vida. A estratégia aplicada era bem simples e se tornou conhecida como "o fio de Ariadne". Essa estratégia consistia em ter nas mãos um novelo, sendo uma das pontas presa ao início do labirinto e à medida que se adentra nele, o fio é desenrolado. O fim do mito informa que Teseu vence o Minotauro, sai ileso do labirinto, porém não cumpre a promessa feita a Ariadne.

A analogia apresentada reflete sobre a arte de investigação a ser desenvolvida, isso porque ela precisa de um ponto de partida. Esse ponto de partida inicia-se com um problema-reflexão, que a partir de hipóteses levantadas constrói a trajetória a ser trilhada, sem que se distancie da objetividade inicial levantada, ou seja, sem que se perca no labirinto do desconhecido. Manter o objetivo em mente, na intenção de responder ao problema levantado é a essência do ato de investigação.

Quando o pesquisador não tem claro o objetivo da pesquisa, ele fatalmente se perde em seus argumentos. O texto não flui, há repetições de ideias, conceitos e frases. Isso com certeza empobrecem o texto e o deixa bem perto de uma colcha de retalhos. Por isso, que pensar em estratégias torna-se fundamental na prática da composição do texto. Neste sentido, concorda-se com a afirmação de Chizzotti (2014, p. 26), sobre a posição do pesquisador diante do objeto, uma vez que ele "busca a teoria do conhecimento mais cabal, que seja apta para explicitar a relação entre aquele que conhece e as coisas que são conhecidas".

No ato de escolha da teoria, o pesquisador lança mão de argumentos sistematizados em forma de pressupostos. Esses pressupostos orientam o modo como o conhecimento será construído, analisado, ponderado ou refutado na realidade. Por isso mesmo, que o pesquisador precisa determinar os passos que delinearão sua investigação ou estudo sobre o objeto a ser ou tornar conhecido.

Ao lançar mão da teoria, o pesquisador elabora um texto discursivo/dissertativo sobre as descobertas efetivadas, a fim de assegurar publicidade aos dados levantados. Ao tornar público suas investigações, a pesquisa passa a ser de domínio da sociedade e não mais do pesquisador.

Ressalta-se que a comunicação narrativa pode ser considerada como o canal de significação da mensagem a ser interpretada e apropriada como verdade, o que implica em pensar que no campo da comunicação da verdade revelada é preciso ter critérios de análise e investigação na transmissão da mensagem. Reitera-se, que não se pode fazer uma interpretação fundamentada no senso comum, antes é preciso investigar sobre o sentido do texto, ao demonstrar a ideia do autor e não o que se deduz da ideia do autor.

Infere-se, então, que a pesquisa é uma ferramenta de trabalho essencial na interpretação da mensagem e por isso precisa ser planeja em fases. Essas fases objetivam elucidar sobre o que se busca, como se busca, a quem é dirigida ou o que será envolvido, quando será efetivado, onde será pesquisado e o porquê. As fases indicam a presença de um ciclo a ser trilhado no contexto da pesquisa. O ciclo pode ser assim delineado:

Elaboração da Autora (2018).

O ciclo da pesquisa evidencia que há um processo de composição e decomposição a ser enfrentado, pois à medida que se completa uma etapa, pode-se iniciar outra simultaneamente, que contém novos problemas ou inquietações, por isso mais uma vez ressalta que a pesquisa não tem fim, antes os achados impulsionam a novas descobertas e novas descobertas impulsionam o levantamento de novos problemas e, assim sucessivamente. Assim, a pesquisa não se apresenta como mera dissertação livre sobre um fenômeno, antes ela parte de bases conceituais, teóricas e metodológicas para dar luz ao problema levantado.

"A realização da pesquisa, para ser produtiva e eficaz, não deve ser desligada de um elenco de etapas. Cada etapa, por sua vez, ocupa-se de atividades metodológicas especiais conforme o objetivo e a natureza de cada pesquisa" (FACHIN, 2005, p. 124).

Neste sentido é possível classificar a pesquisa em seis categorias de análise, a saber: 1- área da ciência; 2- natureza; 3- objetivos; 4- procedimentos; 5- objeto; e 6- forma (MATIAS-PEREIRA, 2012, p. 4). Com relação à área da ciência, a pesquisa pode ser classificada em teórica, metodológica, empírica e prática, naturais e humanas. Quanto à natureza pode ser trabalho científico ou resumo. Quanto aos objetivos pode ser pesquisa exploratória, descritiva e explicativa. Quanto aos procedimentos: pesquisa de campo ou de fonte documental. Quanto ao objeto: pesquisa de campo, bibliográfica ou de laboratório. Quanto à forma: qualitativa ou quantitativa.

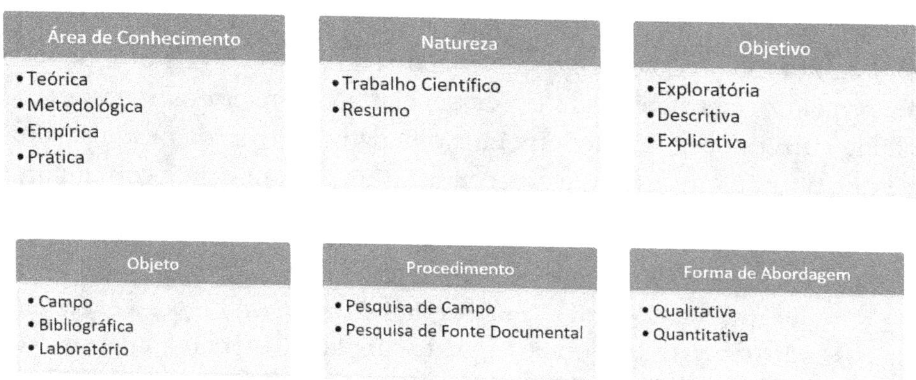

Quadro esquemático – elaboração da Autora (2018), a partir do trabalho de Pereira (2012).

A pesquisa concebida como arte tem como meta a constituição ou desconstituição de um cenário, que envolve tons, tamanhos, formas, dimensões, mediado pela inserção do pesquisador. Mas quem é o/a pesquisador/a? Segundo o Manual de Metodologia da Pesquisa Científica, o "pesquisador é o indivíduo responsável por iniciar, desenvolver ou praticar a arte da experimentação ativa, ou seja, cabe a ele criar ou produzir um experimento" (MATIAS-PEREIRA, 2012, p. 4), que será confrontado com as hipóteses levantadas, no sentido de verificar ou não a correspondência entre eles.

O pesquisador está envolvido com a pesquisa, ele não consegue permanecer distanciado do seu objeto, mas interage com o mesmo, principalmente quando o objeto envolve a compreensão do seu contexto missional, como é o caso de pesquisas direcionadas ao estudo da prática ministerial. Por este motivo, o pesquisador precisa desenvolver habilidades necessárias ao ato investigativo, como: observação; acuidade; responsabilidade; originalidade; e criatividade.

Sobre as habilidades indispensáveis ao ato investigativo pode-se afirmar que elas necessitam ser aprendidas e desenvolvidas para que sejam instrumentalizadas e revertidas no trabalho do pesquisador. Assim, faz-se necessário entender cada uma das habilidades elencadas nesse ato investigativo, iniciando pela observação.

A **observação** está associada à capacidade de olhar com atenção. Ou seja, ver os detalhes, na medida em que se faz a leitura dos sinais. Essa capacidade de observação pode ser encontrada na atuação do detetive Sherlock Holmes, personagem criado pelo autor britânico Arthur Conen Doyle (2005).

Em um trecho do diálogo travado entre Holmes e Watson, é possível ver o quanto esta habilidade está essencial ao exercício da investigação. Melhor dizendo, ela se encontra entranhada na prática da pesquisa, uma vez que por seu intermédio é possível fazer uma leitura clara com alguma margem de precisão da realidade.

> Não pude deixar de rir da facilidade com que explicava seu método de dedução. Quando o ouço expor suas razões, observei, a coisa sempre me parece tão ridiculamente simples que tenho a impressão de que eu próprio seria capaz de fazer o mesmo; mas o fato é que, a cada raciocínio seu, fico perplexo até você explicar seu procedimento. Apesar disso, acho que tenho olhos tão bons quanto os seus.
> Naturalmente, respondeu [...]. Você vê, mas não observa. A distinção é clara. Por exemplo, você viu muitas vezes os degraus que trazem do vestíbulo a esta sala.
> Muitas.
> Quantas?
> Ora, algumas centenas de vezes.
> Então quantos degraus são?
> Quantos? Não sei.
> "É claro! Você não observou. Apesar de ter visto. Este é o xis da questão. Pois bem, eu sei que há dezessete degraus porque tanto vi quanto observei [...]" (DOYLE, 2005, p. 66).

A observação supera a simples visão da realidade, na medida em que se faz atenta para detalhes, cenários, pessoas, circunstâncias e contexto em que se está situado o objeto da investigação. Ela enxerga para além da noção do aparente, pois põe em evidência a realidade como ela se apresenta, ou seja, constituída de limites e possibilidades.

Para Magalhães (2007, p. 13), a observação pode ser contemplada a partir de condições situadas nas esferas físicas, intelectuais e morais. A esfera física envolve a capacidade de ouvir e ver do pesquisador, que precisa ser apurada e está em excelente condição de utilização. A esfera intelectual envolve a curiosidade e a sagacidade do pesquisador diante do objeto a ser conhecido. E a esfera moral pressupõe a demonstração da coragem, da paciência e da imparcialidade sobre o ato da investigação desenvolvida.

A **acuidade** é a habilidade de inferir sobre um fenômeno ou fato presente na realidade. É claro que não há como medi-la ou examiná-la em laboratórios, afinal é uma capacidade de foro subjetivo, mas que não pode ser desprezada. Afinal, muitas das conclusões ou resultados nascem por seu intermédio. A acuidade é uma marca do que se pode denominar *feeling*, associada à expertise e experiência do pesquisador em ver e enxergar possibilidades. O *feeling* impulsiona a prática da criatividade.

A acuidade pode ter relação direta com o levantamento de hipóteses que ajudarão o pesquisador na resolução do problema, a partir de caminhos a serem desenhados em busca do resultado ou da resposta à situação apresentada.

Outra habilidade a ser desenvolvida é a **responsabilidade** do pesquisador quer seja na coleta, na manipulação e na exposição dos dados levantados. Por esse motivo, ele precisa agir, sobretudo, com ética, na medida em que é fiel às descobertas efetivadas. A responsabilidade, ainda, refere-se ao papel do pesquisador em tornar pública sua pesquisa, o que requer lisura, bom senso e comprometimento com o processo investigativo. Não há como agir com responsabilidade, quando se apropria de dados, informações e teorias como se eles fossem parte de sua construção. A responsabilidade indica seriedade e verdade no agir, fazer e pensar do pesquisador.

A **originalidade** afasta a apropriação indevida de ideias de outro autor, ou seja, ela rechaça o plágio. É na originalidade que se observa o nível de argumentação envolvido na construção do texto, o que reclama para a presença da lógica, coerência e coesão textuais. A originalidade pode ser expressa na figura de uma porta aberta para novas ideias e interpretações acerca do tema investigado. A originalidade é uma demonstração patente da criatividade.

A **criatividade** é o pilar de sustentação da ação investigativa do pesquisador, na medida em que projeta novos caminhos e novas possibilidades diante da problemática levantada. A criatividade informa sobre a maneira como o pesquisador tratará o objeto e isso envolve a eleição do método e da metodologia a serem aplicadas. A criatividade possibilita que o pesquisador analise ou reflita sobre a questão proposta, a partir de um novo olhar ou perspectiva. Nesse processo pode ocorrer a inovação sobre o próprio estudo do objeto. O certo é que a criatividade importa na capacidade de leitura significativa do pesquisador frente ao desconhecido. Assim, criar é um ato de descobrir novas ideias de pensar ou dizer sobre um objeto.

Ainda sobre a inserção do pesquisador é preciso salientar que seu trabalho de investigação pode alcançar ou não os resultados, por isso diante dos dados levantados, ele precisa manter uma postura de serenidade e seriedade. Afinal, nem sempre se encontrará respostas para os problemas levantados e isso não pode ser fator de frustração, mas de motivação para que se continue caminhando. A sensação do pesquisador e mais ou menos similar à quando se recebe um laudo médico sem diagnóstico definido. No primeiro momento é desanimador, mas logo se percebe que o paciente inconformado não se acomoda, antes parte em busca de novas possibilidades e explicações.

O pesquisador por sua própria natureza encontra motivos para investigar. Ele está sempre à procura de respostas para as situações em que revelam suas experiências ou vivências, por isso sua capacidade de ler e interpretar a realidade torna-se potencializada, visto que sempre estará à frente do seu tempo.

O ministro atua como um pesquisador, pois não apenas investiga seu contexto, mas projeta, idealiza, busca alternativas e estratégias que visam agregar novas ações e perspectivas de trabalho e aproximação tanto com a sua comunidade interna (membresia), quanto com a externa (local). Afinal, sua missão envolve pessoas e relacionamentos, por isso ao investigar possibilidades, o ministro está ampliando sua visão, à medida que ele estabelece alguns objetivos a serem perseguidos em seu ministério.

A partir da explanação efetivada, cabe agora perguntar-se a si mesmo: estou pronto para fazer pesquisa? Posso me considerar um pesquisador? E, ainda, o que preciso fazer para que a pesquisa se torne o ponto inicial de produção de ideias e conhecimento? Com estas questões em mente, agora, sim, é possível iniciar a trajetória sobre a produção de texto científico, nessa empreitada espera-se que o ato de pesquisar possa ser consolidado no contexto da sua formação e que ela seja o canal de construção e acesso ao conhecimento, procurando sempre a resolução de conflitos e situações-problema que se enfrentam no dia a dia.

Então, pronto para exercitar um pouco sobre os conceitos desenvolvidos até aqui? Procure encontrar maneiras de exercitá-los no seu contexto de ação, visualizando sua aplicabilidade e funcionalidade. Mãos à obra.

6.
UNIDADE TEMÁTICA 3: METODOLOGIA CIENTÍFICA E SUA APLICAÇÃO NO CONTEXTO TEOLÓGICO

Antes de abordar sobre a temática "metodologia científica[3]", faz-se necessário apresentar a pergunta que fundamenta a construção desta Unidade de estudo. Assim, a indagação é: o que se quer dizer, quando se remete à expressão metodologia cientifica? Existem passos a serem seguidos pelo investigador, na produção da pesquisa? Se sim, como torná-los efetivos?

Diante da temática "metodologia científica, o primeiro passo a ser dado diz respeito ao seu conceito, visto que por seu intermédio o significado quando é compreendido torna-se mais próximo da prática do pesquisador. O Dicionário de Metodologia Científica informa que a finalidade da metodologia científica é o "estudo acerca dos diversos métodos científicos existentes" (APPOLINÁRIO, 2012, p. 124). Isso pressupõe pensar que a Disciplina Metodologia Científica busca apresentar os métodos científicos e sua aplicabilidade no desenvolvimento da investigação a ser efetivada.

Uma possível representação da interação entre Metodologia Científica e métodos pode ser representada por dois conjuntos A e B, em que há uma absorção do A pelo B. Assim, é possível ter um conjunto integrado ao outro, sendo codependentes. Ou seja, o conjunto A está contido em B. Isso indica que não há como falar da Metodologia Científica distanciado dos métodos. Os métodos são a fonte que alimentam o trabalho efetivo da Metodologia Científica.

---

3   A disciplina Metodologia Científica não pode ser confundida com a metodologia da pesquisa, que é o procedimento operacional a ser descrito no contexto da pesquisa. A disciplina Metodologia Científica orquestra a pesquisa e lhe dá significação, apresentando suas bases e pressupostos.

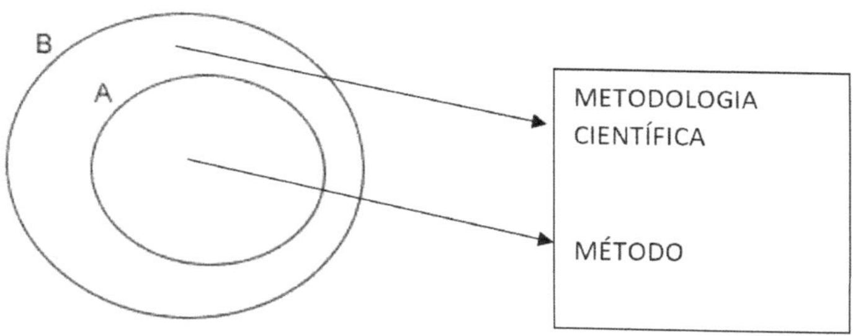

Ilustração elaborada pela Autora, 2018.

A partir da definição do Dicionário de Metodologia Científica (APPOLINÁRIO, 2011) pode-se dizer que a metodologia está para o método, assim como o método está para a metodologia, por isso que ela é fundamental ao processo de investigação científica a ser desenvolvido. Para Minayo et al (2016, p. 14), a "metodologia inclui simultaneamente a teoria da abordagem (o método), os instrumentos de operacionalização do conhecimento (as técnicas) e a criatividade do pesquisador (sua experiência, sua capacidade crítica e sua sensibilidade)".

A partir da definição de Minayo et al (2016) pode-se identificar o valor a ser atribuído à Metodologia Científica, visto que ela implica em apontar o melhor método e as melhores técnicas a serem aplicadas à pesquisa, sem desmerecer o papel do pesquisador na sua condução, visto que ele deve atuar com criticidade, competência e criatividade, a fim de elucidar o problema levantado em sua investigação.

A partir da utilização da metodologia científica é possível visualizar o campo de abrangência da pesquisa e do processo de construção do conhecimento, o que requer do pesquisador a delimitação do objeto, a fim de que a investigação não seja superficial, mas, específica quanto ao que se busca responder ou encontrar sobre o objeto eleito.

A finalidade da metodologia científica não se limita à criação de exemplos de estrutura complexa do ato de fazer pesquisa, devido a sua natureza de cunho disciplinar e operacional. Por esse motivo, pode-se dizer que a metodologia científica estuda sobre processo de elaboração da pesquisa, que englobam métodos e passos a serem seguidos no processo investigativo. Sem eles, a pesquisa e os resultados alcançados ficam comprometidos e podem ser desacreditados por uma comunidade científica.

A comunidade científica é quem legitima os resultados ou achados pertinentes à investigação desenvolvida. É ela que torna válido um paradigma ou modelo que se reconhece ou que se constitui como ciência. A partir deste pressuposto concorda-se com a afirmação de Lehfeld (2007, p. 30), ao dizer que os "estudos somente serão considerados como científicos quando resguardarem o rigor e a lógica científicos, associados às condições e aos níveis de formação". Isso indica que há uma continuidade ou graduação a ser trilhada pelo pesquisador fundamentada na perspectiva de uma resposta lógica. Essa logicidade é o ponto de partida e de chegada a ser perseguido pelo pesquisador e isso ele também aprende no ato de fazer pesquisa. Afinal, não se nasce pesquisador, mas se forma e se desenvolve, enquanto pesquisador.

A ausência de metodologia científica invalida o processo de investigação, ou seja, se a metodologia científica não for explicitada, não há como falar em pesquisa. A metodologia científica funciona, então, como um corolário da pesquisa e sem ela o trabalho fica esvaziado de cientificidade. Assim como a ausência de lógica, invalida o processo de veracidade com relação ao conhecimento construído. Não há como pensar numa ideia ou temática distanciada da validade dos seus argumentos.

É no contexto do estudo da disciplina metodologia científica, que se torna possível eleger não apenas o método, mas o caminho a ser trilhado pelo pesquisador na busca das respostas ao problema levantado, assim como as técnicas a serem aplicadas. Esse caminho desenhado indica o modo como os dados coletados serão trabalhados e interpretados na produção do conhecimento. É por esse motivo que se faz necessário tratar os dados com responsabilidade e compromisso com a busca da e pela verdade.

Ainda quando se fala na finalidade da disciplina metodologia científica, o que está em evidência é a eleição dos objetivos, dos procedimentos, da forma de abordagem e da natureza da pesquisa, sendo essa última o modo de apresentação final dos resultados. Então, pode-se compreender que é a partir do desenho metodológico que o pesquisador apresenta o tipo de pesquisa a ser desenvolvido. Assim, quanto ao objetivo pode-se escolher entre pesquisa descritiva, exploratória ou explicativa. Quanto ao procedimento pesquisa de campo ou de fonte documental. Quanto à forma de abordagem qualitativa ou quantitativa; e quanto à natureza trabalho científico (artigo, *paper*/ensaio, monografia, dissertação, tese) ou resumo simples ou expandido.

O desenho metodológico deve estar presente na parte introdutória da pesquisa, visto que a sua enunciação já evidencia o rigor teórico-metodológico a ser observado pelo pesquisador. Assim, qualquer trabalho científico precisa descrever a metodologia da pesquisa adotada, a partir da eleição do método que irá resultar na construção do conhecimento e no desenvolvimento dos argumentos acerca do mesmo.

A partir desta breve introdução, a pergunta inicial a ser respondida nesta Unidade, diz respeito aos métodos de pesquisa que podem ser utilizados no contexto da Teologia, assim como os caminhos que o pesquisador/teólogo precisa seguir para que sua investigação possa ser considera válida e legítima. Nessa direção, infere-se sobre a necessidade de construir o significado de método científico. Mais uma vez recorre-se ao Dicionário de Metodologia Científica, o qual explicita que o método científico é o "conjunto de procedimentos aceitos e validados por determinada comunidade científica que irá assegurar a qualidade e a fidedignidade do conhecimento gerado" (APPOLINÁRIO, 2011, p. 123).

A partir da definição dada pelo Dicionário de Metodologia Científica sobre o método científico pode-se compreender que qualquer trabalho científico para que possa ser aceito necessita de rigor, qualidade, validade acerca de um problema levantado na realidade social, a partir das seguintes etapas: apresentação do problema; delineamento do problema; propostas de solução do problema; indicação de possibilidades de solução, a partir da análise, avaliação e novas propostas para a resolução do problema.

A etapa da apresentação do problema requer que o pesquisador o situe no tempo e no espaço, na medida em que o insere no contexto social, o que possibilitará a sua delimitação. Afinal, não se tem como investigar de uma forma abrangente, mas parte-se de um fragmento ou parcela do fenômeno a ser observado. A partir da delimitação, o pesquisador pode fazer inferências quanto a sua resolução, porém essas inferências precisam ser testadas, ou seja, verificadas concretamente. Após a verificação, o pesquisador pode negar ou afirmar sobre as conclusões anteriormente efetivadas, como propor novas alternativas ao processo de resolução do problema levantado.

É claro que as etapas do método científico são desenhadas a partir do método eleito pelo pesquisador. Isso indica que os passos serão desenvolvidos conforme o método científico por ele escolhido. Isso indica que a escolha do método será determinante para a condução da pesquisa, que seguirá um processo mediante critérios e ações determinadas pelo mesmo.

> O método científico é a trajetória percorrida pelo pesquisador no esforço de produção do conhecimento. Por sua vez, a característica universal e necessária inerente ao método científico, o que torna ele essencial, não significa que ele precisa ser o mesmo para todas as áreas da ciência (MATIAS-PEREIRA, 2012, p. 41).

Isso ocorre porque o método se fundamenta em uma sequência lógica de procedimentos que se deve seguir para a consecução de um objetivo. O objetivo visa apresentar respostas ao problema levantado. Assim, pode-se dizer que o método científico se torna fundamental para elucidar o problema eleito na investigação. Neste sentido é possível esquematizar o caminho do método a partir da seguinte ilustração:

Esquema elaborado pela Autora (2018).

Ao observar o esquema sobre o caminho a ser percorrido pelo pesquisador no contexto de uma investigação é possível dizer que a pesquisa tem seu início, a partir de uma problemática levantada na realidade social que ao delimitá-la objetiva a tentativa de resolução. Assim "o método científico confere ao pesquisador inúmeras vantagens, oferecendo-lhe um conjunto de atividades sistemáticas e racionais, mostrando-lhe o caminho a ser seguido, permitindo detectar erros e auxiliar nas decisões" (FACHIN, 2005, p. 29).

O método científico assume um peso valorativo no ato da investigação científica, pois se observa que por seu intermédio pode ou não ocorrer a validação de uma problemática levantada. Diante disso, faz-se necessário identificar os tipos de método, apresentando suas características fundamentais. É claro que a proposta não será o de esgotar a temática sobre o método, mas de situar o pesquisador com relação aos mesmos e ainda de apontar aqueles que são mais utilizados no interior de uma pesquisa no campo da Teologia.

Os métodos científicos apresentados por Marconi e Lakatos; Fachin; Appolinário; e Matias-Pereira são muitos similares, assim optou-se por dissertar sobre os métodos científicos por eles evidenciados. Os métodos científicos classificam-se em: dedutivo; indutivo; hipotético-dedutivo; hermenêutico, comparativo; histórico; experimental; dialético; estatístico; monográfico; tipológico; funcionalista; e estruturalista.

Os métodos científicos classificados como dedutivo, indutivo, hipotético-dedutivo e hermenêutico partilham de uma mesma natureza lógica e como será demonstrado, eles são os mais utilizados no campo da Teologia, quando os estudos a serem desenvolvidos versarem sobre textos argumentativos e processos de significação, dedução e inferência.

Os métodos científicos classificados como comparativo, histórico, dialético, monográfico, estatístico, funcionalista e estruturalista são aplicados no campo das ciências sociais, cuja finalidade é a análise de um fenômeno ou situação-problema encontrado na realidade, tendo como proposta a sua elucidação. Esses métodos podem ser usados pelos pesquisadores de Teologia, quando as temáticas de investigação situarem no campo social, tais como pesquisas sobre a história da Igreja, da religião, do cristianismo. Pesquisas sobre liderança, práticas pastorais, comunidades eclesiásticas etc.

O método científico experimental é aquele direcionado ao campo das ciências naturais e por isso não será, aqui, objeto de estudo. A menção ao método experimental objetiva, apenas, trazer ao pesquisador de Teologia o conhecimento sobre sua existência. Afinal, o método científico experimental, por sua especificidade, não encontrará espaço nas investigações teológicas, sendo muito difícil sua utilização nesse contexto e área do conhecimento.

A partir da classificação anunciada, é preciso agora apresentar a definição e as características inerentes a cada método, possibilitando ao pesquisador ter uma visão geral sobre os mesmos, o que favorecerá no processo de escolha e aplicação do método eleito para sua investigação. Ressalva-se que o pesquisador poderá fazer uso de mais de um método científico, o que indica que este uso não é engessado, mas pode ser flexibilizado. A decisão, portanto, cabe ao pesquisador.

OS MÉTODOS CIENTÍFICOS: DEFINIÇÃO E CLASSIFICAÇÃO

Na esteira dos métodos racionais (lógicos) situam-se o dedutivo, o indutivo e, o hipotético-dedutivo. Estes métodos evocam a necessidade de conferir validade ao conjunto de premissas e conclusões apresentadas, a partir do uso da inferência e da indução. Esse conjunto forma o argumento a ser defendido. Assim, compreende-se que uma resposta pode ser validada quando diante de duas premissas apresentadas, elas são consideradas verdadeiras e estão diretamente relacionadas de maneira lógica com a conclusão. Essa forma de construção de argumentos foi muito utilizada pelos filósofos gregos, principalmente Aristóteles.

Acerca da construção de argumentos recorre-se a um exemplo apresentado pelo Dicionário de Metodologia Científica (APPOLINÁRIO, 2011), sendo ele um dos mais veiculados em livros científicos sobre Lógica.

Premissa 1	Todos os seres humanos são mamíferos
Premissa 2	João é um ser humano
Conclusão	Logo, João é mamífero.

Quadro apresentado em APPOLINÁRIO, 2011, p. 42.

Este exemplo de lógica apresentado no Dicionário de Metodologia Científica (APPOLINÁRIO, 2011) diz respeito à **dedução**. A dedução tem como objetivo apresentar uma regra geral para particularizar em uma unidade lógica acerca do objeto a ser analisado. Assim, pode-se identificar a presença da dedução, a partir da utilização da palavra todos (forma abrangente), para sua particularidade (João, indivíduo), seguido do operador argumentativo (logo) de natureza conclusiva. É preciso reiterar que para que o argumento seja validado, a premissa 1 (maior), como a premissa 2 (menor) precisam ser verdadeiras.

No método dedutivo, a conclusão já está implícita em uma das premissas apresentadas. Isso implica em inferir logicamente sobre a mesma, visto que uma de suas finalidades é apresentar explicitamente o conteúdo das premissas, as quais serão agrupadas para formar a conclusão, como no seguinte exemplo apresentado por Marconi e Lakatos (2004, p. 63):

Todo o mamífero tem um coração.
Ora, todos os cães são mamíferos.
Logo, todos os cães têm um coração.

Observe no exemplo de Marconi e Lakatos (2004), a presença dos operadores argumentativos (todo, ora, logo), como também da formação conclusiva, composta pelos elementos particulares presentes nas premissas um e dois (coração e cães). O método dedutivo conduz o pesquisador a ter certeza de suas conclusões.

Outra forma de o pesquisador analisar logicamente uma questão é por meio do método indutivo. Ao contrário do método dedutivo, o indutivo admite que a conclusão seja falsa, mesmo que diante de premissas verdadeiras. O método indutivo não se encerra no campo das certezas, mas da probabilidade. Ou seja, ele não afirma sobre o objeto, mas pela possibilidade de ele vir a ser, por isso situa-se no campo do **deve ser**.

O **método indutivo** parte do particular para alcançar a universalidade, isso indica que suas premissas são compostas pela individuação dos objetos em busca da generalização de sua conclusão por uma característica geral a eles. É o exemplo, abaixo, extraído do Dicionário de Metodologia Científica (APPOLINÁRIO, 2011, p. 103).

Premissa 1	O ferro conduz eletricidade.
Premissa 2	A prata conduz eletricidade.
Premissa 3	O ouro conduz eletricidade.
Conclusão	Logo, todos os metais conduzem eletricidade.

Quadro apresentado em APPOLINÁRIO, 2011, p. 103.

Sobre a indução, o Dicionário de Metodologia Científica informa que essa maneira de análise "pode ser considerada como o motor da ciência porque é o único processo inferencial capaz de gerar informações novas, ao invés de simplesmente reorganizar o conhecimento já existente (como no caso da dedução)" (APPOLINÁRIO, 2011, p. 103). Isso indica que a indução é um método científico que investiga e observa fenômenos de forma particularizada, a fim de chegar a uma nova propriedade ou conclusão sobre eles. Já o método dedutivo, parte de uma propriedade genérica que se suspeita de antemão, que ela tem correlação com o objeto investigado, cabendo-lhe apenas sistematizar sobre ele, ou seja, o ser em sua individualização.

Matias-Pereira (2012, p. 9), sobre os métodos de dedução e indução ressalta que "a característica principal do método de indução é a argumentação, enquanto que a do método da dedução é a observação". Por esse motivo é que o método indutivo será muitas vezes escolhido pelos pesquisadores da área da Teologia, devido a sua aproximação com a prática discursiva, ou seja, a forma de analisar textos, discursos, sentenças.

Fachin (2005, p. 34) apresenta cinco premissas essenciais na utilização e confiabilidade dos argumentos de natureza dedutiva e indutiva, a fim de que venham a ter validade, a saber:

> 1ª o argumento hipotético seja logicamente válido e suas evidências confirmem a conclusão;
> 2ª as evidências lógicas dos enunciados sejam transformadas em observações empíricas;
> 3ª métodos e técnicas sejam específicos para se chegar à análise de dados lógicos e confiáveis;
> 4ª as evidências lógicas dos enunciados justifiquem a escolha das proposições e das correlações estabelecidas pelas hipóteses; e
> 5ª os argumentos não devem ser produto nem invenção arbitrária; devem ser consistentes, compatíveis com o corpo de conhecimento

existente e possíveis de testes metodológicos a fim de confirmarem as conclusões.

A partir das considerações de Fachin (2005), depreende-se que quanto à aplicabilidade do método dedutivo ou indutivo faz-se necessário seguir um rigor teórico-metodológico na análise das premissas levantadas, as quais não podem ser fruto do acaso ou da intuição, antes se fundamentam no conhecimento sobre um fenômeno existente.

O **método hipotético-dedutivo** foi formulado por Popper, o qual se contrapõe à perspectiva indutiva. Para ele, a pesquisa sobre os fenômenos parte do levantamento de um problema, ou seja, uma inquietação. Essa inquietação produz uma ou várias hipóteses apresentadas pelo pesquisador para a qual se procura uma resposta, uma solução. Pela aplicação do método hipotético-dedutivo não se busca a certeza, mas a eliminação de erros por intermédio de tentativas aplicadas ao caso investigado. Assim, a proposta a ser perseguida pelo método, considera o problema como ponto de partida da investigação. Esse problema é gerador de fatos relevantes que conduzem as hipóteses que serão verificadas, a fim de corrigir as distorções e chegar a uma nova proposição ou não, visto que o resultado pode refutar as hipóteses, como também confirmá-las, gerando assim um novo problema.

O método hipotético-dedutivo é um dos mais utilizados na realidade acadêmica, sendo, inclusive, o orientador no processo de construção das propostas de pesquisa em diferentes áreas do conhecimento. Esse método tem aplicabilidade reconhecida pela comunidade científica, a qual atesta a legitimidade ou não de uma investigação ora iniciada.

O **método hermenêutico** trabalha com a compreensão, interpretação e significação do texto, a fim de obter um novo olhar sobre o mesmo. Isso ocorre, porque a Hermenêutica "é o ramo do conhecimento que estuda os processos interpretativos e as técnicas de interpretação [...], é a atividade de atribuir sentido a alguma expressão linguística" (BERNARDES, 2011, p. 219). Para tal, ele lança mão de uma chave que determina o círculo hermenêutico, o qual será configurado entre o texto, a interpretação e a nova interpretação.

No campo das ciências sociais existe a possibilidade de aplicar diferentes métodos de acordo com o objetivo da pesquisa (descritivo, explicativo e exploratório) e sua forma de abordagem (qualitativa ou quantitativa). Diante disso, é preciso conhecer a finalidade de cada método e suas principais características.

O **método comparativo**, como o próprio nome sugere, tem por finalidade comparar fenômenos, no sentido de encontrar as correspondências, as lacunas e os distanciamentos entre os mesmos. Usa-se este método quando se quer pôr em evidência elementos ou particularidades acerca de sistemas de pensamento, teorias, ideologias, doutrinas, culturas, posições geográficas, políticas, econômicas, educacionais, cosmovisões, dentre outros.

O método comparativo requer do pesquisador um maior aprofundamento sobre os fenômenos, visto que ele precisa ser preciso e criterioso quanto aos dados levantados, afastando as opiniões e firmando-se nos elementos investigados à luz da teoria ou do conhecimento sistematizado sobre a temática.

O **método histórico** tem por finalidade compreender fatos ou dados do passado, ou seja, analisa-se um fenômeno histórico no contexto em que o mesmo foi evidenciado. Assim é possível explicitar sobre as relações mantidas ou não entre os homens em diferentes épocas e lugares. É possível situar a construção de uma ideia, teoria ou conhecimento e sua repercussão em diferentes eras ou gerações, bem como a sua disseminação e influência para mudanças de comportamento, cultura e cosmovisão.

O **método dialético** tem como proposta trabalhar com os argumentos advindos de dois posicionamentos conflitantes denominados tese e antítese. Nessa direção, cabe ao pesquisador trazer pontos de análise que possam resultar em uma síntese. Essa síntese não tem como proposta agrupar os argumentos contrários, mas trazer uma nova possibilidade de interpretação e ou explicação sobre o objeto investigado, a partir do uso de negações.

> A união dialética não é uma simples adição de propriedades de duas coisas opostas, simples mistura de contrários, pois isto seria um obstáculo ao desenvolvimento. A característica do desenvolvimento dialético é que ele prossegue por meio de negações (MARCONI; LAKATOS, 2004, p. 85).

Reitera-se que o método dialético se opõe a todo conhecimento concebido ou estipulado como rígido, ou seja, que não se pode pensar em alternância ou mudança. Afinal, para o método dialético a realidade não é estática, mas provida de movimento, contradição e mudança.

O **método monográfico** foi criado por Le Play, cuja finalidade diz respeito de que quando um caso é estudo com profundidade, ele pode ser representativo de situações similares. Sua função é apresentar estudos direcionados às profissões, aos indivíduos, às instituições, aos grupos, às comunidades, cuja meta é a generalização. Assim, o método de investigação possibilita que o investigador possa "examinar o tema escolhido, observando todos os fatores que o influenciaram e analisando-o e todos os seus aspectos" (MARCONI; LAKATOS, 2004, p. 93).

O **método estatístico** visa apresentar os resultados da pesquisa em forma de dados estatísticos, portanto, é um método de natureza quantitativa, que possibilita tecer relações e análises comparativas sobre os dados levantados. A partir dos dados comparados é possível fazer generalizações que dizem respeito à sua natureza, ao seu significado e à sua ocorrência.

O **método funcionalista** visa interpretar os dados levantados presentes no contexto da sociedade, não visa estudá-los de forma isolada e distanciada da realidade, mas em unidades que se integram ao tecido social, a fim de demonstrar a forma como o sistema se organiza, a partir da função específica de cada parte na composição do todo interdependente.

O **método estruturalista** parte da investigação sobre um fenômeno concreto, porém ao elegê-lo é preciso tecer abstrações sobre o mesmo, no sentido de construir um modelo que represente o objeto estudado. O Dicionário de Metodologia Científica define a palavra modelo como "uma representação simplificada da realidade construída para ajudar a nossa compreensão dessa realidade" (APPOLINÁRIO, 2011, p. 126).

O **método fenomenológico** informa que há tantas realidades quantas forem as interpretações atribuídas a mesma. Ele não pode ser categorizado a partir da dedução e nem da indução. O sujeito, aquele que conhece, é importante ao processo, visto que é por sua compreensão que o conhecimento vai sendo construído. A base do método fenomenológico é a descrição da experiência tal como ela é ou acontece.

O pesquisador ao fazer uso do método científico, assegura que os dados levantados sigam passos pré-estabelecidos, os quais são definidores dos métodos a serem utilizados. É claro que o método tem como proposta ajudar no processo de interpretação e leitura dos fenômenos, assim como na construção dos argumentos e posicionamentos, ora a serem defendidos, ora a serem refutados. Isso demonstra que no ato de demonstração dos resultados, apela-se para o uso do texto que se apresentará como parte essencial no processo de sistematização das descobertas.

Neste sentido, cabe agora estudar sobre os gêneros e os tipos textuais, cuja finalidade é apresentar o seu propósito no ato de explicitação e argumentação de ideias, apontando os mais adequados para serem aplicados no contexto da redação científica em Teologia. Afinal, existem gêneros e tipos textuais específicos que atendem à rigorosidade teórico-metodológica presente no contexto da pesquisa e de sua publicação.

Então, vamos ao seu estudo. Por ora, espero que até aqui, os conceitos desenvolvidos estejam sendo apropriados e compreendidos quanto à sua função, aplicabilidade e relevância na produção e redação científicas.

7.
UNIDADE TEMÁTICA 4: CHEGOU A VEZ DOS GÊNEROS TEXTUAIS

Esta Unidade Temática de estudo parte da seguinte problemática: por que é importante estudar sobre os gêneros textuais? Que implicações podem ser apresentadas no processo de construção de textos? Diante disso, é preciso ressaltar que os gêneros textuais demarcam a forma como o processo de redação e produção de texto será construído. Afinal, o ato de redigir e produzir textos não se limita a uma maneira exclusiva, uma vez que é possível utilizar diferentes modos ou formas, conforme o objetivo que o escritor/pesquisador tenha em mente na comunicação de sua mensagem.

Reitera-se que a ação comunicativa é uma prática de linguagem que está em constante processo de evolução e movimento temporal e espacial. Sua finalidade é possibilitar a interação entre os sujeitos envolvidos no processo comunicativo, por isso sua natureza é dinâmica e contínua, o que confere aos gêneros textuais uma relevância vital, visto serem eles o meio de expressão da mensagem a ser construída e transmitida.

Neste sentido abordar sobre os atos de linguagens é ao mesmo tempo falar de atos comunicativos utilizados pelo ser humano com o intuito de demonstrar sua expressividade, quer de modo formal, informal ou simbólico. O ser humano a partir da necessidade de expressar torna possível desenvolver habilidades direcionadas às decodificações e codificações contidas em uma mensagem, as quais são legitimadas no campo das relações e interações humanas e materiais, que requerem a busca de significados próprios pertencentes a um tempo e espaço históricos.

Nesta investida, os códigos são criados e revisitados seja de forma geral ou particular, assumidos como um conjunto de representações que marcam a cultura e a tomam como elemento decisivo na apropriação de um dado valor a ser incorporado, como próprio e pertinente, pelo sujeito aprendente.

As linguagens assumem, assim, o lugar de destaque, no que tange ao ato comunicativo e como o mesmo é direcionado à formação do ser humano. Formação que o abrange em sua totalidade: essência e existência, objetividade e subjetividade. Parte-se, portanto, da premissa da ação comunicativa numa perspectiva dialógica, na qual o embate entre as ideias reacende a criticidade, o conflito e o estabelecimento do "novo", frente à realidade dada, sem, contudo, perder de vista a mensagem imbuída de significados e significantes que norteiam o fazer dos seres humanos.

O ato de composição da mensagem está associado à sua finalidade e abrangência. Isso demonstra a necessidade de se utilizar várias ferramentas comunicativas na produção e redação de uma mensagem. Essas ferramentas são associadas aos gêneros textuais e que dizem respeito às formas de textos disponibilizados no decurso da história. Assim, se tem registros de diferentes tipos de representações de escrita e oralidade, como: cuneiforme, pictórica, arte rupestre, dentre outras.

Diante disso, infere-se que "o gênero funciona como instrumento para construir uma ação verbal em situações de comunicação que se constituem nas esferas sociais mais formalizadas e, relativamente, mais evoluídas: artística, cultural e política" (KOCHE et al, 2014, p. 12-13). Ressaltando que para cada situação em que essa ação verbal é constituída variará a maneira de comunicar e transmitir uma mensagem.

A mensagem é constituída de códigos que além de serem decifrados, precisam ser significados no contexto de vida, a fim de que o ato comunicativo possa ganhar sentido. Imagine se ao pronunciar um código não houvesse referência ao mesmo, isso de fato seria embaraçoso, porque seriam levantadas barreiras à compreensão e ao entendimento da mensagem. Quem já não passou por uma situação dessas, não é mesmo? Assim, o ato de codificar, decifrar e significar uma mensagem pode ser considerado por meio de três ações que fundamentam a prática comunicativa. A ausência das ações corrompe a mensagem e a esvazia de sentido.

> Os códigos apresentam estrutura própria e por essa razão, eles são bem específicos quanto à(ao): objeto; sujeito e realidade circundante, o que descarta interpretações evasivas e errôneas quanto ao ato do conhecer e do aprender, não oferece margem aos senões [...] Eles retratam a realidade de forma objetiva e ao apropriarmos deles

nos apropriamos da própria realidade, tal como se nos apresenta (DOMINGUES, 2017, p. 70).

A apropriação dos códigos possibilita que os grupos sociais sejam identificados por sua linguagem e proximidade comunicativa. O que isso significa? Que há uma forma peculiar desses grupos constituírem sua mensagem. Essa forma favorece as relações que são estabelecidas em sua convivência, ou seja, no modo como interpretam a realidade em que estão inseridos. Depreende-se, então, que cada grupo social é portador de um código que ao ser apropriado, torna-se um veículo de uma mensagem significada e legitimada numa visão de mundo. Por isso que se torna muito importante compreender a maneira como os diferentes grupos sociais se situa em relação à vida. Esse é o canal para o processo de decifração e significação de um código.

O sentido da mensagem é, ainda, uma forma de interpretação e compreensão sobre o que se fala e/ou do que se fala, por isso que quando se está distanciado dessas duas vertentes (autor e contexto), o desconhecimento pode ocasionar ruídos na comunicação, alterando seu significado. Assim, diante da expressão "não chove mais", distanciada do autor e contexto pode denotar diferentes sentidos, como: sol intenso ou interrupção do fenômeno ou desejo de que este fenômeno ocorra.

Agora, se diante da mesma expressão "não chove mais" tem-se a referência do autor brasileiro Graciliano Ramos e da sua obra, o livro "Vidas Secas", o sentido gerado não produz várias significações, pois a narração apresentada está associada a uma esfera climática muito comum nas regiões de seca, que se caracteriza como um problema presente no território brasileiro, em que predomina o sol, a vegetação de caatinga e a ausência de água e chuva. Assim o sentido é de escassez, ou seja, ausência do fenômeno chuva.

Observe que a mensagem é significada no espaço em que a mesma é produzida. Para demarcá-la, faz-se uso dos gêneros textuais, os quais imprimirão vida à ideia a ser comunicada. Essa vida pode ser comunicada por meio do relato, da narrativa, da descrição etc. Abreu (2004, p. 54) reitera que os "gêneros textuais são acontecimentos textuais ligados à nossa vida cultural e social", por isso que são utilizados corriqueiramente pelos seres humanos, sem mesmo eles se darem conta da sua existência e/ou finalidade.

Alguns exemplos de gêneros textuais podem ser extraídos das mensagens trocadas por meio de cartas, bilhetes, *WhatsApp*, e-mail, memorandos, poesias, acrósticos, propagandas, livros, textos, artigo de jornais, revistas ou científico, grafites, pintura, dentre outros. Isso apenas confirma que há uma diversidade de gêneros textuais, sendo possível visualizar não apenas a existência de outros, mas sua criação, visto que eles são produtos da própria evolução tecnológica da sociedade.

A utilização dos gêneros textuais variará conforme as características descritas. Assim se torna possível lançar mão dos mesmos para enunciar um discurso argumentativo, expositivo, informativo, descritivo, narrativo, argumentativo etc. O interessante é perceber que a inserção do gênero textual está associada ao campo discursivo e visa demonstrar as diferentes áreas comunicativas utilizadas pela ação humana e que são presentes na realidade social. Isso indica que "sempre que praticamos qualquer ato de linguagem, estaremos dentro de um gênero textual, uma vez que eles ordenam e estabilizam, ainda que de maneira bastante plástica, nossas atividades comunicativas do dia a dia" (ABREU, 2004, p. 55).

A possibilidade aberta pelo gênero textual quanto ao ato de significação posiciona-o no campo discursivo, visto que em uma situação real sua função tem natureza discursiva[4] e ideológica, a qual está presente nas vivências e nas experiências de homens e mulheres que, diante do código, abstraem o sentido de utilidade, valoração e aplicabilidade para a vida. Neste processo, o código constrói sua significação[5], ou seja, o conceito que diz sobre o objeto a ser representado.

A significação mantém-se numa ação comunicativa e relacional e, nela pode ser evidenciada uma diversidade de visões, crenças, tradições e representações experimentadas nas práticas sociais. Surge, assim, a multiplicidade de sentidos, conforme a multiplicidade de grupos sociais e visões de mundo.

---

4   Sobre este tema, Fiorin destaca que os signos não se restringem a palavras ou morfemas, antes o signo se encontra em frases, textos ou em qualquer outra produção humana que está imbuída de sentido (FIORIN, 2011, p. 60).

5   As condições da significação apontadas, por Orlandi, abrangem o contexto histórico-social, ideológico, a situação, os interlocutores e o objeto de discurso. Ainda, segundo a autora "aquilo que se diz significa em relação ao que não se diz, ao lugar social do qual se diz, para quem se diz, em relação aos outros discursos" (ORLANDI, 2012, p. 112).

"Os sentidos não nascem *ab initio*. São criados. São construídos em confrontos de relações que são socio-historicamente fundadas e permeadas pelo poder com seus jogos imaginários. Os sentidos, em suma, são produzidos" (ORLANDI, 2012, p. 136), e se assim o são, apontam para ação intencional que exercem no contexto e nas relações sociais. Isso infere pensar na existência de múltiplas linguagens referentes aos grupos sociais, portanto diante das finalidades de cada grupo haverá um sentido próprio produzido e que pode ou não ser compartilhado por outros. O que isso representa? Como é possível ilustrar sua presença na realidade social?

É possível dizer que a finalidade de um grupo escolar é a mesma de um grupo político, religioso ou militar? Claro que não. O que os identifica? São os códigos significados e gestados em seu interior. São eles que legitimam e representam a finalidade e funcionalidade dos grupos sociais, construindo, inclusive, linguagens específicas para serem exercidas em suas práticas comunicativas. A isso se denomina pela expressão "jargões". Os jargões construídos pelo grupo só são compreendidos por ele, e, eventualmente por outros grupos, quando são apresentados seus significados.

Diante disso, pode-se inferir que os códigos são produtores de sentido[6], estes fazem parte de uma linguagem simbólica, que, quando aceita por seus interlocutores como uma verdade, passa a gerir a vida e as relações decorrentes dos valores que são subjacentes à visão de mundo aceita. Esta constatação aponta para o fator decisivo da ação comunicativa na divulgação, representação e legitimação destes mesmos sentidos.

A ação comunicativa, então, não pode ser vislumbrada apenas ao campo do saber-fazer, pois nela reside uma força discursiva capaz de fomentar posicionamentos associados ao desenvolvimento de competências quanto aos atos de saber, crer, fazer e interpretar. A força da ação comunicativa reside na capacidade de destinador e destinatário envolverem-se neste jogo simbólico, que é a comunicação.

A comunicação entre sujeitos ocorre mediante objetos de valor (os discursos ou textos-mensagens) que circulam entre eles e que os constituem como sujeitos. Os sujeitos da comunicação devem ser

---

6   Croatto revela que o acontecimento por ser anterior à palavra, diz que sua existência está ligada ao ato de interpretar e explicitar o acontecimento, derivando disso a reserva de sentido, à medida que se apropria do sentido e o apresenta novamente à realidade. (CROATTO, 1981, p. 13)

> considerados [...] como sujeitos competentes (BARROS, 2011, p. 48).

Por outro lado, o discurso é um ato social que expressa às representações, linguagens e simbologias concebidas no interior da cultura, assumidas como marcas visíveis e/ou invisíveis de uma visão de mundo, que é transmitida de geração a geração.

> Isso remete a pensar que a palavra, bem como o discurso não são fenômenos estanques, a-históricos e desprovidos de marcas de identidade, ao contrário são referentes e têm sentido de pertença para comunidades ou grupos organizados que comunicam, produzem, superam, reinventam suas vozes (DOMINGUES, 2011, p. 72).

Em diversas situações do dia a dia é possível lançar mão de atos comunicativos definidores de uma mensagem a ser transmitida, sejam elas de natureza particular como pública. Nessa esteira argumentativa situam-se as mensagens originadas nas relações pessoais e profissionais de caráter subjetivo ou objetivo. Assim, pode-se enumerar o uso de bilhetes, cartas e até textos bem elaborados, contendo rigor teórico-metodológico.

Os gêneros textuais podem, ainda, assumir uma perspectiva denotativa ou conotativa. Denotativa diz respeito ao modo como descreve o objeto a partir do que ele é, ou seja, forma, tamanho, características, espécie, coloração, dentre outros. Assim, quando se está diante de um objeto, é possível descrevê-lo a partir dele mesmo. E isso particulariza o processo da descrição, porque é referente da unidade, ou seja, aquela que está diante do olhar do observador.

Na perspectiva conotativa o processo é da valoração, portanto vincula-se a fatores figurados e subjetivos, ou seja, associados tanto ao interlocutor diante da situação ou mensagem recebida, como do contexto em que ela foi criada. Assim, a mensagem precisa ser compreendida no seu contexto original, a qual ganhou expressividade. A perspectiva conotativa pode ser verificada em textos de natureza literária e publicitária com forte apelo para a emoção e que demandam elaboração no ato de produção e interpretação dos interlocutores. Assim quando você lê o seguinte trecho poético: "Ouvir estrelas certo, perdeste o senso", de Olavo Bilac, é claro que o sentido produzido não é o literal, mas o figurado, que requer que se façam inferências acerca do significante, isto é, o que a frase quis comunicar e qual a sua finalidade.

Os gêneros textuais situam-se no campo da linguagem, por isso são portadores de significados gerados no interior em que os mesmos foram produzidos, isso indica sua intencionalidade no ato de comunicar ou apresentar uma mensagem composta de códigos a serem interpretados pelos interlocutores. Bazerman (2006, p. 26) defende que os

> [...] gêneros não são apenas formas. Gêneros são formas de vida, modos de ser. São frames para a ação social. São ambientes para a aprendizagem. São os lugares onde o sentido é construído. Os gêneros moldam os pensamentos que formamos e as comunicações através das quais interagimos. Gêneros são os lugares familiares para onde nos dirigimos para criar ações comunicativas inteligíveis uns com os outros e são os modelos que utilizamos para explorar o não--familiar.

No ato da convivência é que os códigos ganham sentido, isso porque, "conviver implica escutar o outro e ouvir o seu discurso, seus argumentos; isso exige não ser obsessivo em relação às próprias afirmações" (ROMÃO, 2002, p. 120). Surge, então, a presença do diálogo como elemento articulador dessa prática educativa de natureza relacional. O diálogo se apresenta como um elo entre os dizeres, os fazeres e os saberes construídos historicamente, no sentido de tecer conexões e paralelos contidos na produção discursiva dos homens.

No ato de mediação de códigos é que são abertos espaços para os dizeres dos sujeitos, na tentativa de compreender como os mesmos significam individual e coletivamente os códigos. E, ainda, como os mesmos são incorporados na realidade, a partir das práticas compartilhadas, negociadas e intercambiadas nas relações sociais mantidas.

Os sentidos revelam a intencionalidade do discurso. Eles mantêm bem vivos a prática da linguagem que se manifesta nas relações sociais. Isso pressupõe que, no campo discursivo estejam presentes locutores e interlocutores, que no ato comunicativo produzem sentidos pautados numa matriz de natureza ideológica.

> No contexto discursivo, os indivíduos constroem versões diversas sobre um conteúdo, dependendo das situações de interação, mas

também das diversas histórias e características individuais. Essas versões são confrontadas, negociadas e reconstruídas no processo da interação, e é nesse processo interativo que vão sendo definidos os diversos significados (CANDELA, 1998, p. 141).

Atentar para a intencionalidade dos discursos é acreditar que o ato comunicativo não se limita à transmissão de informações, sua finalidade volta-se para o funcionamento da linguagem, "que põe em relação sujeitos e sentidos afetados pela língua e pela história (ORLANDI, 2003, p. 21)". Quando se põe em evidência esta relação, isso pressupõe inferir que o gênero textual é constituído tanto na história, como no contexto social por intermédio do discurso a ser comunicado. Assim, o gênero textual pode ser definido como ferramentas comunicativas integradas às relações humanas.

Afinal, "aprende-se os conceitos porque são utilizados dentro do contexto de uma comunidade social na qual adquirem significação, e se utilizam adequadamente tais conceitos como ferramentas de análise e tomada de decisões" (SACRISTÁN, 2007, p. 94). Isso possibilita situar à comunidade social como responsável pelo processo de significação, que se firma no espaço da mediação em que o ser humano vive, convive, age e interage.

Os gêneros textuais podem ser agrupados em cinco ações estruturantes do discurso. Essas ações visam dar consistência ao ato comunicativo que se desenvolve nas práticas das linguagens de: relatar; narrar; argumentar; expor; e descrever. Essas ações foram ordenadas nos estudos de Schneuwly e Dolz[7]. Assim, dissertam que:

> Relatar: volta-se à documentação e memorização de ações humanas. Mostra experiências vividas, situadas no tempo (relato, notícia, diário, reportagem, crônica esportiva, biografia etc).
>
> Narrar: representa uma recriação do real. Isso pode ser visualizado na literatura ficcional (conto, conto fantástico, conto maravilhoso, romance, fábula, apólogo etc).

---

7   Na obra de SCHNEUWLY, Bernard; DOLZ, Joaquim. **Gêneros orais e escritos na escola**. Campinas, SP: Mercado das Letras, 2004. p. 60-61, é que se pode encontrar a classificação feita para os gêneros textuais. Essa classificação facilita a compreensão da dimensão de ação, em que cada um dos gêneros está situado em relação à prática comunicativa, sendo essa considerada como uma ação humana de natureza social.

Argumentar: diz respeito à discussão de problemas controversos. O que se busca é a sustentação de uma opinião ou sua refutação, tomando uma posição (debate, editorial, carta argumentativa, artigo de opinião, discurso de defesa, carta do leitor etc).

Expor: refere-se à apresentação e construção de diferentes formas dos saberes (texto explicativo, artigo científico, verbete, seminário, palestra, entrevista de especialista etc).

Descrever ações ou instruir/prescrever ações: diz respeito às normas que devem ser seguidas para atingir algum objetivo (instruções e prescrições). Indica a regulação mútua de comportamentos (receita, manual de instruções, regulamentos, regras de jogo etc) (SCHNEUWLY; DOLZ, 2004, p. 60-61).

A partir do agrupamento dos gêneros textuais apresentado por Schneuwly e Dolz (2004), torna-se mais claro contemplá-los na realidade social, visto que os mesmos fazem parte do cotidiano dos seres humanos e das práticas de linguagem desenvolvidas no tempo e no espaço no ato de comunicar uma mensagem. Observa-se, ainda, que existe em alguns grupos uma maior complexidade envolvida na construção da mensagem, tendo natureza mais conceitual e em grupos uma natureza mais técnica. Isso informa que a eleição do gênero textual é feita segundo o propósito associado à mensagem a ser produzida. Com fins de didatizar a proposta e a finalidade dos gêneros textuais, segue a ilustração em forma de quadro-síntese.

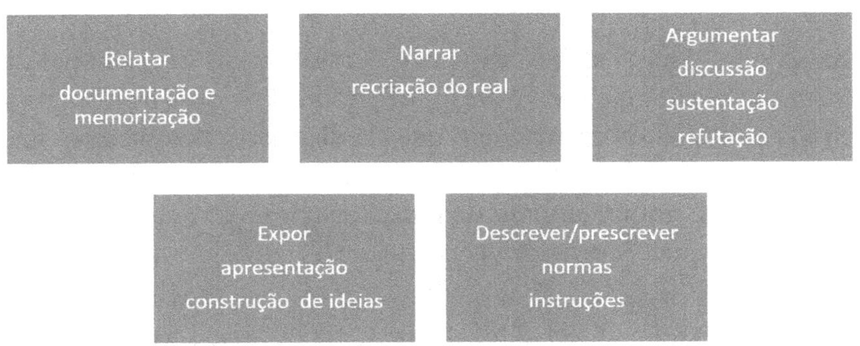

Elaboração da Autora (2018), a partir dos trabalhos de Dolz e Schneuwly (1999).

Dolz e Schneuwly (1999, p. 5-16), ainda, apontam três dimensões do gênero textual, a saber: primeira, a forma como o conteúdo e o conhecimento apresentado torna-se dizível em relação à mensagem transmitida;

segunda, o modo como é possível compreender o texto a partir de suas estruturas comunicativas e semióticas; e, terceira, a maneira como as unidades de linguagem assumem configurações específicas.

A partir das dimensões é possível inferir que a finalidade do gênero textual é cumprir com sua função, ou seja, comunicar a mensagem a partir de uma estrutura comunicativa, na medida em que ela se configura em unidades discursivas. Isso quer demonstrar que, o gênero textual informa sobre sua especificidade no ato de sua construção, porém não pode ser considerado como unidades estanques, mas como uma ferramenta que permite interações entre as ações ou ordens discursivas. Assim, num texto em que se utiliza o argumento, pode-se ter a presença da exposição como do relato. Essa relação pode ser configurada para todos os atos associados aos agrupamentos elencados. Objetiva-se, que a mensagem cumpra com seu propósito comunicativo.

A partir dos gêneros textuais, o comunicador pode lançar mão de diferentes possibilidades na constituição do ato discursivo, conforme a finalidade projetada na transmissão de uma mensagem. Mas, o que seria discurso? Qual a sua abrangência? Em primeiro lugar, pensa-se que a ideia a ser defendida, é que o discurso não se verifica apenas na forma expressa, mas oral, imagética e simbólica; o que lhe confere diferentes graus de interlocução. Concorda-se com a ideia de que o discurso "principia quando o emissor realiza o processo de textualização e só termina quando o destinatário cumpra sua tarefa de interpretação" (ABREU, 2004, p. 11).

Reitera-se que qualquer discurso é munido de intencionalidade, porém muitas vezes ele não expressa o sentido pelo qual foi constituído, cabendo ao interlocutor perceber o que ele diz acerca do objeto, o que ele não diz e os silêncios, ou seja, as lacunas que não foram preenchidas. E isso só ocorre se houver um ato de reflexão sobre a mensagem, o autor e o contexto em que a mesma foi construída.

Desta forma pode-se inferir que "não há discurso sem sujeito e não há sujeito sem ideologia" (ORLANDI, 2003, p. 17). E, se assim o é, isso significa que homens e mulheres, ao pensar a realidade, o fazem providos de uma perspectiva social, política, cultural, histórica e espiritual construída nos relacionamentos estabelecidos, por esse motivo que a neutralidade de posicionamento não encontra lugar no âmbito da linguagem e da prática discursiva.

Em segundo lugar, o discurso se materializa na utilização dos gêneros textuais, ou seja, em forma de texto (entende-se texto de forma abrangente e não limitada à escrita). Esse texto é o ponto inicial da ação comunicativa, pois informa aos leitores/interlocutores sobre um dado da realidade, que pode convencer, distorcer, refutar, encantar, aproximar, distanciar, entre outras finalidades. Isso acontece porque,

> [...] mais do que um ser no mundo, o ser humano se tornou uma Presença no mundo, com o mundo e com os outros. Presença que, reconhecendo a outra presença como um "não-eu" se reconhece a si própria. Presença que se pensa a si mesma, que se sabe presença, que intervém, que transforma, que fala do que faz, mas também do que sonha, que constata, compara, avalia, valora, que decide, que rompe (FREIRE, 2004, p. 18).

E isso determina sua participação no contexto de vida, que de modo algum é passiva, antes se firma como expressão de sua vontade, sua reflexão, seu conhecimento, seu valor e sua crença. O ser humano é parte essencial ao processo de interação e comunicação de ideias e pensamentos. Se isso não for asseverado, que sentido teria o ato comunicativo? Afinal, o ser humano é constituído por um

> [...] organismo vivo, vibrante, expressivo, requer interpretação e, somente na relação com o outro, torna-se corpo significativo, corpo que sente e pensa, corpo tornado signo, corpo com estatuto de sujeito, que se vê, se (reconhece). Corpo marcado, afetado pelas práticas historicamente construídas, *lócus* de sensações, emoções, sentimentos, como *lócus* de relações (FERREIRA, 2004, p. 43).

Em terceiro lugar, o discurso se manifesta como um ato de leitura de mundo. Assim, sua função é dirigida para ações valorativas e comportamentais, na medida em que se interpreta, compreende, transmite e defende uma posição expressa ou não na realidade, o que possibilita pensar na significação por intermédio também da subjetividade, o que pode vir a transgredir o sentido original de um texto. É o ato que se convencionou chamar de extrapolação do texto. Por esse motivo, deduz-se que o "significado nunca é atingido por todos de uma única vez, antes deve ser compreendido novamente em cada enunciado, através de ações e interações verbais entre ouvintes e falantes, escritores e leitores" (KRAMSCH, 2003, p. 25) (Tradução nossa).[8]

Isso denuncia a complexidade envolvida no processo de significação presente no ato discursivo, visto que mais uma vez se pontua que não basta apenas a incorporação de um código, mas a sua compreensão, sendo ela que balizará o processo de interpretação de uma mensagem.

Em quarto lugar, pode-se afirmar que o discurso é a via geradora do sentido, isso porque ele é considerado "uma prática, não apenas de representação do mundo, mas de significação do mundo, constituindo e construindo o mundo em significado" (FAIRCLOUGH, 2012, p. 91). E, se assim o é, o discurso afirma-se como instrumento de natureza ideológica, pois nele fluem e se encerram perspectivas assumidas sobre a vida, quer seja na forma de conhecimento, quer seja na forma de crenças, experiências e cultura.

Por fim, em quinto lugar faz-se menção ao lugar da mediação discursiva que também é provido de significados e relações entre os interlocutores e o objeto da mensagem. Na mediação discursiva, o papel dos envolvidos também requer comprometimento e responsabilidade no processo de compreensão do discursivo proferido. Tanto é assim que a mediação discursiva para o ser humano pode ser considerada uma ferramenta necessária na construção do real, a fim de tornar "possível tanto a permanência como a continuidade, quanto o descolamento e a transformação da realidade em que ele vive. Afinal,

> As palavras proferidas pelas pessoas referem-se a experiências comuns. Elas expressam fatos, ideias ou eventos que são comunicáveis, pois se referem a um conjunto de conhecimentos sobre o mundo que também é compartilhado por outras pessoas (KRAMSCH, 2003, p.3) (Tradução nossa).[9]

---

8   "Meaning is never achieved once and for all, it must be conquered anew in every utterance through the verbal actions and interactions of speakers and hearers, writers, and readers." (KRAMSCH, 2003, p.25).

9   "The words people utter refer to common experience. They express facts, ideas or events that are communicable because they refer to a stock of knowledge about the world that other people share." (KRAMSCH, Claire. **Language and Culture**. Califórnia: Oxford, 2003. p. 3).

Conclui-se, portanto, que "o trabalho simbólico do discurso está na base da produção da existência humana" (ORLANDI, 2003, p. 15). Isso demonstra mais uma vez que os discursos expressam as maneiras como homens e mulheres observam, refletem, discutem e concebem a realidade social.

Feitas as devidas considerações é possível agora discutir sobre os tipos textuais mais utilizados no ato de comunicar ideias, conceitos, teorias e pensamentos. Os tipos textuais assumem como finalidade o processo de construção do ato comunicativo, que visam narrar, descrever, dissertar e argumentar sobre um fenômeno da realidade. Este, portanto, é o tema nuclear da próxima Unidade. Então, até breve.

8.
UNIDADE TEMÁTICA 5: SOBRE TIPOLOGIA TEXTUAL E PESQUISA

O estudo da tipologia textual remete à sua correlação com os gêneros textuais, isso porque há uma correspondência prática entre os verbos de ação e a construção do gênero que os referenciam em situações práticas do dia a dia. Assim questiona-se: de que forma a tipologia textual favorece o processo de construção de textos?

Pode-se dizer que a tipologia textual é definida como o verbo em ação, ou o veículo que transforma o verbo em uma prática comunicativa e concreta. Infere-se, portanto, que "As tipologias textuais são ferramentas essenciais a serviço dos gêneros textuais, e seu domínio é fundamental no trabalho com leitura e produção de texto" (KÖCHE, BOFF; MARINELLO, 2014, p. 19).

A partir disso já é possível visualizar a implicação da utilização das tipologias textuais com a pesquisa, visto que elas são essenciais ao ato de produção e sistematização do conhecimento gerado. Isso indica que a redação científica se vale das tipologias textuais, como forma de comunicar os resultados obtidos no contexto da investigação. Assim, o ato de comunicar refere-se à capacidade de enunciação que objetiva fazer o interlocutor acreditar na mensagem apresentada. Logo:

> Comunicar é agir sobre o outro e, por conseguinte, não é só levá-lo a receber e compreender a mensagem, mas é fazê-lo aceitar o que é transmitido, crer naquilo que se diz, fazer aquilo que se propõe (FIORIN, 2018, p. 76).

É claro que nem todas as tipologias textuais são adotadas no contexto da pesquisa, por conta da sua especificidade, porém, faz-se necessário descrevê-las e caracterizá-las como forma de obter o conhecimento sobre as mesmas. Esse conhecimento possibilitará ao pesquisador utilizar as mesmas no processo de construção e constituição de sua proposta discursiva, atendendo seu objetivo e sua finalidade.

A correlação entre o gênero e a tipologia pode ser caracterizada na natureza do texto que se apresenta nas denominações: narrativa; argumentativa; descritiva; injuntiva; preditiva; dialogal; e explicativa. Observe que essas denominações estão presentes nos agrupamentos apresentados nos gêneros textuais de narrar, expor, argumentar, descrever e relatar. A correspondência entre os mesmos pode ser feita a partir do seguinte quadro:

GÊNEROS TEXTUAIS	TIPOLOGIA TEXTUAL	EXEMPLOS DE CORRELAÇÃO
NARRAR	NARRATIVA DIALOGAL PREDITIVA	Romance Fábulas Crônica Acontecimento Conversação espontânea
EXPOR	EXPLICATIVA PREDITIVA DIALOGAL	Aula expositiva Seminário Comunicação Oral Palestra Texto explicativo Entrevista Problematização
ARGUMENTAR	DISSERTATIVA PREDITIVA NARRATIVA DESCRITIVA	Artigo Teoria Projeto Científico Reportagem Posicionamento Teoria Dissertação Resumo Expandido Resenha

DESCREVER/ PRESCREVER	DESCRITIVA INJUNTIVA PREDITIVA	Boletim de ocorrência Memorando Manual de normas Regras de Jogo
RELATAR	NARRATIVA DESCRITIVA PREDITIVA	Relato Reportagem Biografia Notícia

Elaboração da Autora (2018), com base nos estudos de Abreu; Köche et al (2014).

A partir da correlação estabelecida entre os gêneros e as tipologias textuais, objetiva-se apresentar suas características, descrevendo, ainda, sua finalidade e função.

A primeira tipologia a ser descrita é a **narrativa,** que segundo Otávio (1963, p. 14) "é a exposição de um fato ou de vários fatos ligados e dependentes, produzindo um desfecho interessante". Isso indica que a narrativa gira em torno de um relato de fatos encadeados e sequenciais que visam contar sobre um acontecimento real, idealizado, construído ou fantasiado.

Na composição do ato narrativo é preciso considerar alguns fatores que estão associados diretamente ao fato/acontecimento. Assim, se ele for histórico-temporal deve-se fazer pelo fator cronológico; se for, em torno de um personagem deve-se fazer pelo fator psicológico; se for valorativo, deve-se fazer pelo fator moral. É claro que os fatores não são estanques ou engessados, visto que num mesmo relato pode ocorrer simultaneamente a presença dos três. O importante é saber que existe um fator predominante na construção da narrativa apresentada.

> Normalmente, os acontecimentos narrados seguem uma ordem cronológica. Portanto, na narração há anterioridade e posterioridade. Os tempos verbais mais empregados são o pretérito perfeito, o pretérito imperfeito e o pretérito mais-que-perfeito do indicativo (KÖCHE, BOFF; MARINELLO, 2014, p. 20).

O estilo de construção narrativo busca a simplicidade, a clareza, a leveza, a exposição de motivos e a vivacidade dos acontecimentos/fatos narrados. Afinal, objetiva-se que o interlocutor não apenas aprecie, mas se envolva com o enredo da narrativa construído. O enredo é o coração da narrativa, visto que pode ser apaixonante como seu contrário.

Um exemplo de texto narrativo: "A Fábula da Palavra", de minha autoria.

Na pequena cidade de Entendópolis houve uma grande discussão sobre o significado da **"PALAVRA"**. Cada um queria expor sua opinião. Cada um tinha algo a dizer. Afinal, todos faziam uso da "Palavra". E dessa realidade não havia como escapar, nem mesmo questionar.

Diante disso, resolveram fazer um plebiscito, para escolher a melhor maneira de explicar o significado da "Palavra". Todos os segmentos da cidade foram convidados, mas nem todos quiseram participar, pois não tinham a mínima vontade de comunicar a sua ideia (era melhor que permanecesse guardada).

O Regulamento para os concorrentes apresentava um único item: escrever no grande mural da praça a sua ideia. E logo em seguida, a comunidade elegeria aquela que melhor descrevesse a "Palavra".

No dia do plebiscito podia-se ver uma pequenina fila em frente do grande mural. O alarido dos presentes foi silenciado pelo soar dos sinos, que abria oficialmente a exposição das ideias e do pensamento.

O primeiro participante, uma criança, pega com um pouco de dificuldade o grande pincel dirige-se ao mural e escreve com letras de imprensa: **"BRINCAR"**. Afasta-se, e todos riem.

Olhando para todos os presentes, chega o segundo participante, um jovem, que sem demora registra: **"PROTESTAR"**; imediatamente ouve-se um cochichar: - Hum! Hum! Coisas de jovem!

Isso gerou um momento de inquietação e irritação devido a certa indiferença quanto às ideias apresentadas pelos concorrentes, a qual foi suspensa pela voz do político, que rapidamente atraindo atenção sobre si, toma o pincel em suas mãos e com letras enfeitadas e muito bem arrumadas escreve: **"CONVENCER PELA** verdade"; e todos o aplaudem.

Nesse clima de quase festa, surge calmamente um velho que tirando o brilho do momento, escreve bem abaixo da ideia do político a seguinte sentença: **"LUDIBRIAR/SOLTAR AO VENTO"**.

Todos param e com um sorriso meio acanhado, compreendem o gesto do concorrente. Foi um momento mágico, todos pareciam paralisados diante de tal afirmação.

O silêncio fez-se ouvir. É interrompido pelo assobio do publicitário que ao se aproximar escreve: "**SONHAR/COMUNICAR**". Todos meneiam as cabeças, como se estivessem concordando, porque quem há de resistir a uma bela e bem elaborada propaganda.

No meio de tudo, ainda se pôde ouvir: - Essa é uma das profissões do futuro!!!!

O dirigente olhando para fila percebeu a presença de três concorrentes que permaneciam sérios e compenetrados. Tanto, que ele sentiu o desejo de participar. Chegou ao mural meio sem jeito e escreveu: "**DEMOcracia**" e logo em seguida, solicita aos presentes que não manifestem suas opiniões, aguardando o momento da votação. (Na verdade, ele já tinha percebido que grande parte dos presentes já havia escolhido o melhor significado).

Ouvem-se passos ... Parecem que eles querem dizer alguma coisa... Surge um olhar meio distante, que alheio ao movimento, escreve: "**GESTOS**" e sorri para os presentes.

Finalmente o penúltimo concorrente, com ar introspectivo e penetrante aproxima-se do mural. É o pensador, que em meio a tantas reflexões e questões escreve: "**IDEOLOGIA**". E se afasta com pose de triunfo, sem perceber os pontos de interrogações manifestos no franzir das testas do grande público.

Parecia que tinha chegado ao fim. Todos já estavam preparados e convencidos, acerca do desempenho do melhor concorrente, que nem percebem, quando o professor pega o pincel e escreve meio timidamente a seguinte ideia: "**VISÕES DE MUNDO**" e se afasta de cabeça baixa.

Os presentes continuam a sussurrar, a entreolharem-se trocando opiniões, quando de súbito, ouve-se um grito eufórico: - Que ideia! Que conclusão! Quanta verdade e expressão! Era o Ninguém, que pela primeira vez fizera ser ouvido. E tocado por tal sentença faz a seguinte declaração: - Podemos passar horas aqui, que não se chegará a uma só escolha ou definição, porque a "**PALAVRA**" simplesmente faz acontecer. Adivinhem só, quem foi o vencedor?!

Observe que o processo de constituição narrativa apresenta passos sequenciais. Esses passos podem ser classificados como: motivo do texto (anúncio do tema); desenvolvimento de ideias (enredo em si); clímax (ponto alto da narrativa); e o desfecho (conclusão ou proposta de conclusão). Ao construir um texto narrativo e preciso considerar tais passos, a fim de assegurar logicidade, sequenciação e encadeamento entre as ideias em torno da temática principal.

A segunda tipologia é a **explicativa** e tem por finalidade lançar luz sobre uma problemática advinda da realidade. Essa problemática advém de uma inquietação e demanda investigação para que se chegue a um resultado, que tanto pode ser afirmativo como negativo. Assim, pode-se dizer que:

> [...] a organização do texto explicativo nasce da pergunta que se põe a um determinado problema: qual é o problema? Como e por que surgiu o problema? Questiona-se sobre o que é obscuro; depois vem a explicação e, em seguida, a compreensão. O tempo verbal predominante é o presente do indicativo, pois responde a uma questão da ordem do saber. Essa tipologia apresenta um significativo emprego de adjetivos, advérbios, operadores argumentativos, repetições, modalizadores e comparações.

Usa-se esta tipologia quando se levantam hipóteses sobre algum tema a ser investigado, por isso que ela é recorrente em eventos científicos, os quais se fundamentam na proposta de explicar um fato à luz de uma teoria. Veja o exemplo a seguir, fruto de uma investigação efetivada e apresentada num Congresso Científico.

ITENS DA COMUNICAÇÃO	DETALHAMENTO
TÍTULO	COSMOVISÃO CRISTÃ BÍBLICA E O SENTIDO DA VIDA: POR UMA PROPOSTA FORMATIVA DE EXCELÊNCIA
AUTORIA	Gleyds Silva Domingues

PROBLEMATIZA-ÇÃO	Até que ponto uma cosmovisão pode atuar no processo da formação humana, visto que não se pode pensar numa ação educativa neutra? E qual o motivo de se eleger a cosmovisão cristã bíblica, que tem por meta a construção de uma proposta educacional que visa a excelência?
OBJETIVOS	Apresentar os pressupostos da cosmovisão cristã bíblica que norteiam a perspectiva teorreferente. Eleger princípios que atribuem sentido à vida e que também conferem legitimidade ao processo da formação humana.
PONTO DE PAR-TIDA	Descrição dos princípios presentes na cosmovisão cristã bíblica, por ser ela, a lente eleita para compreender a razão de ser e estar no mundo.
CONTRAPOSIÇÕES	Choque entre as cosmovisões. Essa lente (cosmovisão cristã bíblica), contudo, contrapõe-se às visões secularista e animista, as quais também se fazem presentes na realidade social, defendendo seus pressupostos sobre o processo formativo.
METODOLOGIA CIENTÍFICA ELEITA	Adota-se a análise do discurso, visto que por seu intermédio é possível perceber os ditos, os não ditos e os silêncios presentes.
CAMINHOS DISCURSIVOS	Um sistema de crença fundamentado em princípios cristãos bíblicos. Sua natureza é teorreferente. Tudo é submetido à soberania de Deus.
PRESSUPOSTOS TEÓRICOS ASSUMIDOS	Sire (2004)

DEFESA TEÓRICA	Pearcey (2011) justifica a necessidade da cosmovisão, associando a um propósito de vida, isto é, não há como pensar no ser humano desprovido de senso de missão, de objetivo de vida, de significado, por isso que ela ressalta a ideia do clamor do coração humano, ou seja, uma necessidade que deve ser suprida como essencial e existencial para a vida.
CONSIDERAÇÃO REFLEXIVA	A cosmovisão cristã bíblica possibilita não apenas compreender a vida, mas vivê-la a partir de um objetivo claro e definido e que assegura razões de ser e estar no mundo. Assim, nesta perspectiva o ser humano não é um acidente e nem mesmo um acontecimento. Ele está no mundo porque tem um propósito.

Quadro Síntese Elaborado pela Autora, 2018.

A terceira tipologia é a **dissertativa**, cuja finalidade é desenvolver de maneira progressiva uma tese argumentativa sobre um tema/fenômeno. Espera-se na utilização dessa tipologia compreender o parecer conclusivo ou a ser considerado pelo enunciador, a partir do caminho metodológico adotado na defesa de suas ideias.

A tipologia dissertativa é definida como a capacidade de "desenvolver uma tese qualquer, um pensamento, uma afirmação, um conceito" (OTAVIO, 1963, p. 44). Por isso, requer que o estilo da escrita seja bem elaborado, lógico e coeso. Não há como produzir uma tese sem aprofundamento teórico-metodológico. Essa tipologia é muito utilizada em ambientes acadêmicos, onde se é solicitado a escrita de resumos, artigos, dissertações, resenhas, ensaio/*paper*, teses, pareceres analíticos, dentre outros trabalhos.

A propósito de uma escrita refinada, a escolha da linguagem é na maioria das vezes impessoal, o que confere imparcialidade à discussão das ideias e clareza na exposição, possibilitando a predominância do discurso direto e da voz ativa, o que gera objetividade ao texto.

Para a constituição do texto dissertativo existem passos a serem seguidos e que são pontuados em: introdução; desenvolvimento; e conclusão. Na introdução apresenta-se a temática a ser defendida, assim como a problematização, a justificativa, os objetivos e a metodologia. No desenvolvimento é efetivada a progressão das ideias, ou seja, a linha discursiva eleita (histórica; conceitual; descritiva; comparativa etc). Por fim, são tecidas as considerações sobre a temática, no sentido de apresentar as conclusões ou não do investigador.

Para que se possa dar um exemplo da tipologia dissertativa, segue a proposta de um ensaio científico, que foi publicado nos Anais de um Congresso em Teologia. O exemplo ajuda a visualizar a forma de organização do ensaio, sua estrutura, o tempo verbal empregado e o encadeamento discursivo adotado pelo enunciador. A proposta, ainda, possibilita o contato com o texto científico, ajudando o leitor a perceber as diferenças entre a forma, a estrutura, a linguagem e a finalidade deste texto, que por sua especificidade se distancia de um texto narrativo ou livresco, por ter a necessidade de apresentar um resumo e palavras-chave, antes de desenvolver as partes constitutivas do trabalho em si, como relacionar ao final as referências consultadas e utilizadas na sua composição.

A apresentação do ensaio não está formatada dentro das normas científicas, porque o intuito aqui é apenas exemplificar a tipologia dissertativa, por isso foi reduzido o tamanho da letra e os espaçamentos.

O TRABALHO DA TEOLOGIA PRÁTICA NO ESPAÇO DE DEFESA DA DIGNIDADE HUMANA: EM PROL DE UMA PERSPECTIVA DE REINO

GLEYDS SILVA DOMINGUES

RESUMO

O objetivo deste ensaio é situar o trabalho da Teologia Prática como espaço essencial de defesa da dignidade humana, uma vez que sua ação está presente no âmbito social e pode oportunizar aproximações com as diferentes pautas reivindicatórias que dizem respeito aos princípios e às garantias fundamentais de homens e mulheres referentes à liberdade, à responsabilidade, ao exercício da cidadania, à ética, à igualdade de condições. Para fundamentar esta proposta busca-se ajuda nos aportes teóricos de Zabatiero (2005); Farris (2010); Padilla (2014); Stott (1997); Sarlet (2005); Domingues (2015), dentre outros. A questão a ser investigada parte da seguinte inquietação: em que medida o trabalho da teologia prática pode ser um articulador eficaz na defesa da dignidade humana? E ainda: Quais suas propostas e ações a serem instrumentalizadas visando tal fim? Nessa direção, elege-se como base metodológica a análise discursiva, por ser ela um instrumento que se integra ao contexto social, a fim de compreender os discursos presentes e a forma como são articulados na prática cotidiana. Almeja-se apresentar possibilidades de ação alicerçadas na perspectiva do Reino, a qual se afasta de uma prática de caráter assistencialista e efêmero. Pensa-se, na natureza da práxis constituída e legitimada, no fazer da Teologia Prática, e que por isso mesmo se assenta na reflexão em ação, sendo essa significada na vida do ser humano.

PALAVRAS-CHAVE: Práxis- Dignidade Humana- Reino- Sociedade

INTRODUÇÃO

O espaço da Teologia Prática pode ser considerado como um campo significativo de exercício da voz profética, à medida que anuncia e denuncia posicionamentos que contrariam o viés da perspectiva e do sentido do Reino. O Reino que se expressa na mensagem do evangelho cristocêntrico, e que de uma forma direta evidencia o plano salvífico destinado ao ser humano.

Não se pensa, aqui, na mensagem do Reino com um viés restritivo a uma condição econômica que se situa numa visão polarizada de classes, mas naquele que se direciona para a transformação de vidas, em que se evidencia o ato de compreensão e aceitação desta mensagem pela fé, que alcança a partir do conceito de graça todo o ser humano. O caráter da mensagem do Reino é neste sentido inclusivo, extensivo, participativo e fruto do amor revelado em Cristo.

Ao adotar o conceito do Reino a partir da perspectiva da revelação importa considerar sobre o valor atribuído à mensagem e ao sentido de missão que se expressa em Cristo. Assim, não há como pensar distanciado da vida do ser humano, uma vez que é essa mensagem e missão que se anunciam como elementos estruturantes de uma fé ora abraçada.

A mensagem e o sentido da missão expressam o caráter do amor de Deus e é nesse amor que a natureza do ser humano, enquanto imagem e semelhança, é recuperada em Cristo, o que possibilita pensar no processo de sua regeneração. Assim, a mensagem do Reino torna-se o canal *sine qua non* para o ser humano escolher andar em novidade de vida, ou seja, viver a transformação assegurada em Cristo.

A mensagem do Reino presente na perspectiva da revelação não afasta, ainda, a presença do valor do ser humano, tanto que seu caráter é restaurativo, o que implica em pensar nos princípios garantidores da vida, como liberdade, igualdade, respeito, cidadania. Afinal, a mensagem do Reino é uma expressão destes princípios, à medida que assegura ao ser humano o livre arbítrio em aceitá-la ou não, pois reconhece o poder de decisão conferido a ele. Isso implica em dizer que a mensagem do Reino não é uma imposição, antes se evidencia como um viver em, por e com Cristo.

A proposta deste ensaio é tentar elucidar o papel da Teologia Prática em contribuição à defesa da vida numa perspectiva do Reino, visto seu caráter inclusivo e restaurador. A Teologia da Prática torna-se um canal de efetivação da mensagem do Reino e por esse motivo, ela se avizinha do ser humano e da sua condição de pessoa, enquanto imagem e semelhança do Criador.

O conceito de pessoa, enquanto imagem e semelhança do Criador, é um ponto importante a ser considerado, pois é nesta acepção que o sentido de ser da Teologia Prática ganha significação. Assim, questiona-se: em que medida o trabalho da Teologia Prática pode ser um articulador eficaz na defesa da dignidade humana? E ainda: quais suas propostas e ações a serem instrumentalizadas visando tal fim?

Não se intenciona esgotar tal temática, mas levantar possíveis reflexões que poderão demandar novas investigações nesta área tão presente no campo da Teologia Prática, isso indica que a natureza deste ensaio é introdutória e por isso requer aprofundamentos e quiçá o levantamento de provocações que possam contribuir com o seu avanço como área de estudo.

1 O CAMPO DA TEOLOGIA PRÁTICA E A MENSAGEM DO REINO

A Teologia Prática inscreve-se no campo de tensões sobre o sentido da vida e a maneira como esse sentido é explicitado na realidade, quer seja a partir de relacionamentos, quer seja como expressão de direitos e deveres destinados ao ser humano, o que prenuncia sua inserção, enquanto instrumento, que anuncia e denuncia práticas que se distanciam dessa finalidade.

A Teologia Prática não se insere no campo de defesa de princípios partidários, mas de defesa da vida que se encontra revelada na mensagem do Reino, a partir dos princípios contidos como salvação, regeneração, graça, filiação, amor, livre arbítrio, justiça, os quais se estendem a toda humanidade. Assim, a Teologia Prática é um espaço de exercício de voz profética que se demonstra alerta contra ações que transgridam o propósito de ser de sua mensagem.

> Falar de teologia prática, portanto, pode ser considerado como um modo de encarar os conflitos, as inovações, as discriminações, as invenções estatais e privadas no desenvolvimento da ciência e da tecnologia, a partir de uma ótica que prime por salvaguardar os direitos humanos na aplicação da ética e dos valores fundados numa perspectiva cristã (DOMINGUES; RUPHENTAL NETO, 2015, p. 64).

Ainda sobre a Teologia Prática é preciso dizer que ela não se limita a uma prática eclesiástica, antes transcende seus muros, visto que o alcance de suas ações ganha sentido num espaço público e integral da expressão da vida humana. Assim, não há como falar em Teologia Prática sem pensar no processo de formação de homens e mulheres em seu exercício de transformação social. O campo da Teologia Prática deveria ser projetado, então, como a teologia da vida, que proclama a visão e a missão do Reino, fundamentado numa perspectiva cristocêntrica. Afinal defende-se que

> Na origem da vida está o amor do Criador e a Redenção operada pelo Autor da Vida (cf At 3,15). Depois do evento Cristo, não há outra escolha a não ser aquela de escolher a vida (cf Dt 39,19). Por isso, a vida deve ser desejada e amada 'porque nos é confiada, e não somos os seus proprietários absolutos, mas, sim, os fiéis e apaixonados guardiões' (RIZZI, 2012, p. 4).

Assim, "A Teologia Prática é o estudo de como o Evangelho é interpretado ou expressado, na ação. Essa ação é individual e institucional. Esse foco na ação também indica a importância central da experiência vivida, a situação contemporânea" (FARRIS, 2012, p. 97). Nesse sentido, pode-se dizer que a Teologia Prática, enquanto campo de estudo e de ação, se manifesta como um espaço assegurador da legitimidade de leitura e interpretação da mensagem do Evangelho, que se materializa na realidade social, no ato de fazer, sentir, ser e agir de homens e mulheres.

A instrumentalidade assegurada à Teologia Prática sinaliza para sua presença responsável e atenta diante de leituras e interpretações que não se configuram ou se desvirtuam da mensagem contida no evangelho, visto que se distanciam do seu propósito restaurativo e salvífico. A Teologia Prática avança à medida que sua instrumentalidade se torna a expressão maior de seu pensar, agir e fazer. Defende-se, aqui, o processo da instrumentalidade como aquele que promove na vida de homens e mulheres a esperança da mensagem e a efetivação do princípio da dignidade de ser humano.

A Teologia Prática ao assumir a perspectiva do Reino também informa sobre a sua natureza de ação, visto que implica em olhar para si não apenas como um campo técnico ou do serviço, mas um campo que se afirma sobre a práxis da Igreja, na qual se manifesta a vida que adora, serve, compadece, sofre e compromete-se com a transformação social. Isso indica que, a Igreja está envolvida com os rumos a serem perseguidos pela sociedade, num viés integrador que parte da ideia de bem comum.

Assume-se, então, que "A chave para a compreensão do evangelho de Jesus está no significado dinâmico de 'reino' (*basileia*). O reino que ele proclama é o poder de Deus em ação entre os homens por meio de sua pessoa e seu ministério" (PADILLA, 2014, p. 107). Isso significa pensar na ação em, com e por Cristo.

A perspectiva do reino possibilita anunciar a esperança em Cristo, a qual se firma no ato de transformação da vida por meio da aceitação da mensagem do evangelho, que vivifica, redime e assegura novo status, o de herdeiros da graça de Deus. Esse novo status testifica sobre Cristo, sendo ele o coração do evangelho (PADILLA, 2014).

O conteúdo do evangelho informa que a ênfase do ministério de Cristo é "a proclamação da boa notícia relativa a um evento: a chegada da nova era, o advento do reino de Deus. Seu anúncio é de que Deus está atuando na história" (PADILLA, 2014, p. 109). Isso demonstra a ação direta e pessoal de

Deus junto à humanidade, ao passo que expressa o sentido de ser da própria mensagem do Reino: a revelação de Deus em Cristo.

Se o conteúdo da mensagem do Reino está no ato da revelação de Deus em Cristo para a humanidade, a qual reflete a presença da sua compaixão e do seu amor incondicional, não é possível, portanto, que a Teologia Prática permaneça inerte diante de ações que tentam obstaculizar este propósito. Antes, é preciso que ela assuma o viés profético, denunciando práticas que banalizam o sentido de ser humano, enquanto imagem e semelhança do Criador, e que por essa condição já se pode contemplar um valor intrínseco a sua essência.

O valor intrínseco do ser humano torna-se o ponto de partida de defesa de sua dignidade, sendo ela inalienável, indisponível, incomparável. Inalienável porque não se define como mercadoria. Indisponível por não ser moeda de troca. Incomparável por não ser mensurável. Assim, a dignidade humana se completa na vida do ser humano, não se distanciando dela, mas sendo incorporada a sua natureza e personalidade, isto é, em sua essência e existência.

2 TEOLOGIA PRÁTICA E DIGNIDADE HUMANA

A Teologia Prática ao assumir o viés de defesa da dignidade humana, define-se como porta-voz da mensagem da esperança. Mensagem de esperança que se materializa na prática da vida e dos relacionamentos. Isso demonstra que ao considerar

> Essa dignidade, inerente a todos os membros da humanidade, funda seus direitos iguais e inalienáveis e garante a liberdade, a justiça e a paz no mundo. Essa dignidade advém da natureza mesmo do ser humano e do fato de ser uma pessoa (AGOSTINI, 2012, p. 15).

O sentido de ser pessoa já se torna sinalizador de valor, tanto é assim que o conceito de pessoa traz em si a ideia de existência de uma natureza que lhe confere identidade. Assim, "A centralidade da pessoa humana, inconfundível protagonista da vida social, nos reenvia à sua dignidade que requer ser respeitada em qualquer circunstância, pois é dotada de um valor incomparável, inviolável, sendo por isso inalienável" (AGOSTINI, 2012, p. 11).

O conceito de dignidade humana deve ser incorporado pela Teologia Prática, à medida que se manifesta como defensora dos direitos fundamentais de homens e mulheres em favor do bem comum. Isso ocorre, porque o "princípio do bem-comum deriva dos princípios da dignidade, da unidade e da igualdade de todas as pessoas, princípios que se integram e compõem o princípio da solidariedade e fraternidade entre os homens" (MARCILIO, 2012, p. 71). Essa percepção do princípio do bem comum expressa a presença de garantias e condições de vida fundamentadas no respeito, na valorização e no sentido de ser de cada ser humano.

A correlação entre Teologia Prática e bem comum torna-se o centro de ação e exercício da voz profética, que deve se fundamentar em quatro premissas básicas, a saber: 1- viver como exemplo; 2- conviver com o diferente; 3- influenciar a sociedade; e 4- preservar sua identidade (STOTT, 1997, p. 96-99). Essas premissas demonstram o senso de responsabilidade que deve permear o fazer de qualquer prática teológica.

No exercício de uma prática teológica pode-se dizer que ao assegurar o bem comum, o que se está defendendo é o princípio de dignidade humana, que é expresso por Sarlet (2001, p. 40) da seguinte maneira:

> [...] qualidade intrínseca e distintiva de cada ser humano que o faz merecedor de respeito e consideração por parte do Estado e da comunidade, implicando neste sentido, um complexo de direitos e deveres fundamentais que assegurem a pessoa tanto contra todo e qualquer ato de cunho degradante e desumano, como venham a lhe garantir as condições existentes mínimas para uma vida saudável, além de propiciar e promover sua participação ativa e corresponsável nos destinos da própria existência e da vida em comunhão com os demais seres humanos.

A Teologia Prática deve se importar com a valoração atribuída à dignidade humana e quando as garantias e as condições essenciais não são respeitadas ou valoradas é preciso agir em nome do bem comum, denunciando as distorções e os distanciamentos do princípio fundamental que assegura os direitos do ser humano. A prática da denúncia demonstra que

Quando uma sociedade não entende porque tais seres humanos possuem valor intrínseco, é muito improvável que os trate com respeito. Ainda, quando em geral uma sociedade deixa de pensar que os seres humanos têm valor intrínseco, ou seja, destinando recursos, honrando seus membros e garantindo certos bens – seus direitos naturais- essas ações carecem de sentido e recebem oposição. (RAMACHANDRA, 2006, p. 36) [Tradução nossa]

É por este motivo que a Teologia Prática se torna o espaço de defesa da dignidade humana, não medindo esforços para que os direitos essenciais, o valor intrínseco e a prática da justiça sejam de fato expressão de uma sociedade que pensa e projeta ações direcionadas ao bem comum. A Teologia Prática é ação em movimento, que deve refletir em suas pautas reivindicatórias o sentido da mensagem do Reino, atuando como guardiã da vida e da dignidade humanas.

CONSIDERAÇÕES FINAIS

A Teologia Prática firma-se como um espaço de expressão da mensagem de esperança, à medida que se assume como sua porta-voz. É no espaço de expressão que a Teologia Prática exerce sua ação profética, no sentido de defender a vida e a dignidade humana.

É claro que a prática de denúncia a ser efetivada no interior da Teologia Prática não é tão simples, visto que a partir de sua ação torna-se possível não apenas transmitir a mensagem do evangelho, mas experimentá-la e concretizá-la na vida, por intermédio dos relacionamentos estabelecidos. Isso implica em dizer que, "fazer teologia prática é refletir criticamente sobre a teologia que praticamos em nosso contexto" (ZABATIERO, 2005, p.15). Assim, que tipo de Teologia Prática se defende? Como torná-la parte da vida do ser humano e da sociedade? Como dizer que a Teologia Prática de fato se identifica com a mensagem de esperança manifesta em Cristo?

À guisa de conclusão pode-se dizer que a Teologia Prática é um campo propício ao exercício da fé, que ao atuar no contexto social age em defesa do bem comum, salvaguardando a mensagem da esperança em Cristo, à medida que reflete sobre sua ação e sua visão de reino. O ato de reflexão é um passo em direção à prática consciente do fazer, agir, sentir e ser de homens e mulheres, que por meio da fé aceitaram a mensagem transformadora da cruz.

REFERÊNCIAS

AGOSTINI, Nilo. Afirmação Cristã da Dignidade Humana. In: SANTOS, Ivanaldo; POZZOLI, Lafayette. (Orgs.). **Direitos Humanos e Fundamentais e Doutrina Social**. SP: Boreal, 2012.

BÍBLIA SAGRADA. Versão Almeida Revista e Atualizada. Barueri, São Paulo, 1993.

DOMINGUES, Gleyds Silva. **Cosmovisões e Projeto Político-Pedagógico**: o sentido da formação humana. Saarbrücken, Alemanha: Verlag Editora, 2015.

DOMINGUES, Gleyds Silva; RUPPHENTAL NETO, Willibaldo. Para além da redoma: o sentido de uma teologia prática. In: SOUZA, Edilson Soares de; RUPPENTHAL NETO, Willibaldo. **Cuidando de Vidas**: pesquisas nas áreas de teoria e prática do cuidado pastoral. Curitiba: FABA-PAR, 2015.

FARRIS, James. O que é Teologia Prática? In: **Revista Caminhando**, v.6, n.1, 2010, p. 56-68, on line.

______. Teologia Prática: Identidade Passada e Atual. In: **Revista Ciência da Religião**: História e Sociedade, v.10, n.01, 2012, p. 84-112.

MARCÍLIO, Maria Luiza. Fundamentos Éticos dos Direitos Humanos. In: SANTOS, Ivanaldo; POZZOLI, Lafayette. (Orgs.). **Direitos Humanos e Fundamentais e Doutrina Social**. SP: Boreal, 2012.

PADILLA, C René. **Missão Integral**: o reino de Deus e a igreja. Viçosa, Minas Gerais: Ultimato, 2014.

RAMACHANDRA, Vinoth. Sobre la Igualdad: perspectivas teológicas--bíblicas. In: BRASIL, Alexandre (Org.). **Educação e Justiça na América Latina**: uma abordagem cristã. SP: ABU, 2006.

RIZZI, Luiz Antonio Lopes. Da Dignidade Humana. In: SANTOS, Ivanaldo; POZZOLI, Lafayette. (Orgs.). **Direitos Humanos e Fundamentais e Doutrina Social**. SP: Boreal, 2012.

SARLET, Ingo Wolfgang. **Dignidade da pessoa humana e direitos fundamentais na Constituição Federal de 1988**. Porto Alegre: Livraria do Advogado, 2001.

STOTT, John. **Mentalidade Cristã**: posicionamento do cristão em uma sociedade não-cristã. SP: ABEC, 1997.

ZABATIERO, Júlio. **Fundamentos da teologia prática**. SP: Mundo Cristão, 2005.

Ainda sobre a tipologia dissertativa é preciso dizer que uma das suas funções é convencer seus leitores sobre a tese defendida, por isso no ato de construção de ideias é utilizado os operadores argumentativos que conferem ao texto uma perspectiva lógica, coesa e coerente. O tempo verbal mais utilizado é o presente do indicativo, devido à posição ocupada do leitor diante da realidade social, ou seja, ele olha a sua realidade e a avalia neste tempo.

Dentre as finalidades da tipologia dissertativa é possível citar a exposição de ideias, defesa de posição ideológica, conceitual, política, histórica, social, educacional etc, argumentação em torno de explicações, comparações, análises e sínteses, presença de conceituações, definições e justificativas para a investigação e estudo da temática, dentre outros.

A quarta tipologia textual é a **descritiva**, elegendo como finalidade apresentar as características de um fato/fenômeno/pessoa em específico. Sua função é demonstrar as qualidades/defeitos inerentes ao objeto contemplado, seja material ou imaterial. "[...] consiste na exposição das propriedades, qualidades e características de objetos, ambientes, ações ou estados. Ela possibilita ao leitor a visualização do objeto apresentado, que passa a ser concebido mentalmente" (KÖCHE; BOFF; MARINELLO, 2014, p. 21).

A descrição oportuniza ao leitor conhecer o objeto sem que ele o tenha visto, apenas por meio das características listadas e por elas tece um juízo de valor, inclusive, mantendo-se favorável ou não pelo que apreendeu do mesmo. Isso demonstra que nem tudo precisa ser conhecido pessoalmente pelo ser humano, mas que sua capacidade de abstração pode ajudá-lo na apreensão e compreensão de uma situação inédita ou inesperada. Isto posto, pode-se definir a descrição como "o ato de representar as diversas partes de um objeto, de um conjunto de objetos, ou de uma cena, de forma a despertar no leitor uma imagem nítida daquilo a que nos referimos" (OTÁVIO, 1963, p. 22).

Leia o trecho a seguir da história infantil de minha autoria: "Quadrix"[10].

> No Mundo das Formas Geométricas morava uma forma chamada Quadrix. Ela era pequena, criativa, sonhadora, de uma coloração estonteante e dona de histórias incríveis como essa que será contada a você.

---

10 Texto elaborado por Domingues (2006), para literatura infantil.

Num dia, em que o sol não apareceu e o céu estava enraivecido, o Mundo das Formas Geométricas despertou com os relampejos que sacudiram e mexeram com as formas. Elas ficaram assustadas com a força dos estrondos e por este motivo se espremiam, rodopiavam e tentavam encontrar um espaço seguro.

Nesta confusão formal, Quadrix fez sua tentativa para se livrar de um polígono sem jeito e com proporções assustadoras, dando um salto quase que perfeito. Para isso, esticou-se todo como se fosse um elástico velho. Este fato mexeu com Quadrix, de tal modo que por um momento esqueceu a sua forma e tamanho e sonhou com aquela que havia adquirido para si.

No trecho extraído é possível visualizar o contexto da história, situar o objeto em relação aos demais e ainda construir cenários. Isso acontece toda a vez que se utiliza da tipologia descritiva. Essa tipologia requer um estilo claro, objetivo e não rebuscado no ato de expor o objeto. Há também predomínio dos verbos no tempo do presente ou do pretérito e que evidenciam ação ou estado da coisa. Isso ocorre para que o leitor possa acionar a imaginação e a capacidade de envolver-se junto com o enredo, como se dele fizesse parte ativa.

No ato da descrição faz-se necessário ater-se às qualidades do objeto, porém sem as tornar enfadonhas ou óbvias. É necessário que a descrição ofereça ao leitor um cenário dantes não imaginado como possibilidade. Assim, o que se espera é que a descrição contemple o objeto tornando-o acessível, ao mesmo tempo real e verdadeiro (OTÁVIO, 1963, p. 24).

A quinta tipologia textual é a **injuntiva** e tem por finalidade indicar uma instrução ou ordem a ser seguida. Portanto, sua função é imperativa, visto que para se chegar ao resultado esperado é preciso que se siga os passos determinados. "Cabe ao interlocutor fazer aquilo que se solicita ou se determina que seja realizado, em um momento posterior ao da anunciação" (KÖCHE; BOFF; MARINELLO, 2014, p. 23).

Os textos oriundos desta tipologia podem ser encontrados em bulas de remédios, manuais de instrução, receitas culinárias e médicas, regras de jogos, códigos e leis, textos orientativos (estudo dirigido, siga o modelo), dentre outros afetos a essa especificidade.

Esta tipologia tem um caráter prático, visto que determina ao interlocutor do texto a efetivação de uma ação, mediante a enunciação do passo a passo a ser seguido, o que confere ao sujeito da enunciação um posicionamento de natureza passiva, ou seja, não há o que fazer ou discutir diante da regra imposta, apenas aceita-la. A sua rejeição produz consequências, que também são do conhecimento do interlocutor.

Veja um exemplo da tipologia injuntiva, referente à proposta de regulamentação da atividade de monitoria. Essa resolução é de minha autoria.

RESOLUÇÃO DAS NORMAS DE FUNCIONAMENTO DO PROGRAMA DE MONITORIA

Capítulo 1

Da Apresentação

Art 1º- Esta Resolução apresenta as normas de funcionamento do Programa de Monitoria da Universidade X, assim como sua finalidade, objetivos, atribuições e processos de funcionamento e organização.

Capítulo 2

Das Finalidades

Art 2°- A finalidade do Programa de Monitoria volta-se à formação e qualificação de alunos e alunas que apresentam conhecimentos nas áreas de interesse do Curso de Teologia, e que possam atuar como colaboradores dos/as docentes.

Art 3º- A Monitoria é um Programa Complementar Optativo do Curso de Teologia. Sua natureza é de caráter formativo, e por essa razão a carga horária utilizada no desempenho deste programa pode ser computado como atividades complementares.

Art 4º - O Programa de Monitoria desenvolve habilidades e competências nas áreas do ensino, da extensão e da pesquisa, a partir de ações direcionadas ao planejamento, ao aprimoramento do processo educativo. [...].

Observe o caráter regulador e normativo da tipologia textual injuntiva, porém ela é muito utilizada no contexto da organização e da estruturação de instituições de diferentes ramos profissionais e de serviço.

A sexta tipologia textual é a **dialogal,** que como o termo sugere indica a presença de dois ou mais interlocutores para que ela se concretize na realidade social. Assim, é possível considerar que essa tipologia possa ser integrada a outras, visto que um diálogo pode ter caráter argumentativo, narrativo e até mesmo descritivo.

O interessante é notar que a tipologia textual é constituída no contexto de uma interação verbal, sendo ela que orientará a maneira como as falas serão produzidas pelos agentes envolvidos. Isso indica que "os interlocutores cooperam na produção do texto, uma vez que este se constrói através da interação verbal, em que um enunciado determina o enunciado do outro" (KÖCHE; BOFF; MARINELLO, 2014, p. 27). O sinal identificador da interação verbal é o travessão, assinalando o início da fala dos interlocutores.

A tipologia textual dialogal utiliza diferentes tempos verbais, de acordo com a resposta a ser enunciada, portanto, ela segue o fluxo da conversa, que pode fazer referência ao presente, ao passado e ao futuro. Pode, ainda, ocorrer a entrada de outros enunciadores no ato dialogal, como a menção de um terceiro ou quarto enunciador que se fará presente no momento das interações verbais. Afinal, o diálogo pode trazer à tona outros tipos de temas a serem debatidos, discutidos, referenciados etc.

Veja um exemplo da tipologia textual num texto narrativo-argumentativo. Esse texto foi construído para estudantes do Curso de Pedagogia, no intuito de levantar discussões sobre Avaliação e Planejamento. O título do texto já é sugestivo: "Diálogo".

DIÁLOGO

Gleyds Silva Domingues

Ao adentrar nos corredores da escola, um fato chamou atenção. Era o andar cheio de empáfia e orgulho do Planejamento e da Avaliação. Ao encontrarem-se, param e assim tem início uma nova, pequena e breve discussão.

Como o Senhor Planejamento, pode dizer que é o mais importante dentro da escola? Parece que ainda não percebeu o momento histórico em que vivemos! Os das grandes avaliações propostas, até mesmo no âmbito do Ministério?!

Mas para chegar às avaliações, foi preciso planejar com esmero cuidado o quê avaliar. A mim está claro que o início de todo processo é o momento do planejar.

Mas que petulante, o senhor se esquece que a avaliação também é processo?

É claro que não, mas todo processo requer planejamento A avaliação é consequência.

Que nada! A avaliação é imprescindível para a promoção do aluno. Enquanto o planejamento é parte descartável. Se fôssemos contar quantos professores se utilizam de você, ficaríamos de boca aberta.

Ao dizer isso, a avaliação põe-se a rir. O planejamento interrompe as risadas irônicas, com um tom de voz exasperado.

_ Como você ousa a me insultar de tal maneira! Você é que ainda não se deu conta da sua insignificância, pois é utilizado mais para amedrontar, que para elevar o processo. Ao contrário da minha pessoa, que entrelaço as ideias e os conhecimentos, na maneira de como o meu criador irá conduzir o trabalho educativo.

Calma aí meu amigo, você continua com seu nariz arrebitado e ainda me insulta! A avaliação, como hoje sou concebida, ultrapassa esta visão de coerção. Estou sendo cogitada a prêmio Nobel da educação, pois minha função hoje é estar completamente envolvida no processo. Não sou usada como momento estanque, mas tenho uma missão cumulativa e contínua. Acompanho com diligência e atenção todas as fases do processo. Entende agora o porquê processual?

Isto é demais! Você está me chamando de burro? Pensa que sou alienado e não acompanho as mudanças? Quem pensa que sou afinal? Tenho orgulho de ser Planejamento. Como meu nome já diz, tenho a função de projetar, prever e, principalmente, tornar possíveis as ações, claro que tenho uma dose de flexibilidade, senão meu nome seria outro, mas isso eu deixo a cargo dos Tradicionais, estou na onda das Interações.

Depois você me diz que é o tal. Veja só, um planejamento que segue as ondas. Não sabia que sua inclinação era pelo "surf"?! Planejamento, surfista. Isto dá até história. E ri novamente.

Não vejo motivo para tanta graça. Veja bem, se é que você alcança meu discurso. As inovações acontecem, mas até que ponto são positivas? Veja só, você era tido como o vilão das escolas, embora ainda esteja sendo cogitado como desculpa para o Ministério medir o grau de qualidade da educação (ENEM, PROVÃO, além de outros nomes que dão a você.). Se é que se pode medir, através de escores?! Você flutua feito uma nuvem, de acordo com as intenções de grandes teóricos. Não tem uma identidade própria.

Meu amigo, você está com uma baita inveja. Estou na moda e sei que a minha função é prioritária, dentro do processo, por mais que você me insulte, esta realidade não pode ser mudada. Quanto a você...

Quanto a mim, o quê? Sou importante também e muito mais do que você possa avaliar.

Está aí a palavra que faltava! Como soa bem. Pense amigo, o quanto tive que refletir e colocar em ação a minha vocação e finalidades.

Agora foi você que foi traído pelas palavras. Isto porque, as ações de refletir e praticar estão aliadas ao planejar. Pense agora você, que resposta vai me dar?

Assim persistiu a discussão até o soar do sinal. A sirene era ensurdecedora e por um instante, trazia o silêncio e os dois permaneciam lá parados e prontos para dar início ao segundo *round*.

A tipologia textual dialogal é uma das mais utilizadas no dia a dia, pois confere ao ato comunicativo sua natureza social e interacional, demonstrando sua inserção no contexto da prática discursiva entre os sujeitos interlocutores.

Por fim, a sétima tipologia textual é a **preditiva** e sua finalidade é informar sobre eventos futuros, a partir da análise de um fenômeno, ou seja, da sua manifestação. Assim, os textos que se encerram nessa tipologia dizem respeito a cumprimento de profecias, previsões meteorológicas, astrológicas, prenúncio de acontecimentos.

A tipologia textual preditiva "constitui sempre uma descrição, narração ou dissertação futura em que o locutor/enunciador, no seu dizer, faz uma previsão" (KÖCHE; BOFF; MARINELLO, 2014, p. 26). Fruto desta tipologia pode ser encontrado em textos sagrados, míticos e ou religiosos. Mas é possível encontrar, ainda, em textos científicos associados ao tempo, à organização e à estrutura do Cosmo, o que permite prever mudanças quanto aos planetas, ao clima, a ondas de calor, aos alertas de tempestade e a desastres naturais, ao aquecimento da terra etc.

Como exemplo faz-se alusão a um alerta sobre tempestade que foi veiculado como notícia pelo jornal: "Tempestade pode se tornar furação antes de chegar à costa, mas deve enfraquecer rapidamente na quarta-feira. Fenômeno irá atingir Nova Orleans".

A partir da notícia veiculada, pode-se dizer que a função da tipologia textual é prevenir os interlocutores sobre possíveis problemas, como também tranquilizar quanto ao controle ou à estabilidade. Esse tipo de prevenção ajuda as pessoas na organização de seu dia e a tomar medidas necessárias, eliminando o fator surpresa. O estilo utilizado na maioria das vezes é objetivo. O tempo do verbo é futuro com indicação, em alguns casos, de um cuidado a ser observado, o que pode assumir a função imperativa, sugestiva ou orientativa.

A partir do estudo sobre a tipologia textual compreende-se que os textos não serão vistos da mesma maneira, visto que se compreende a sua finalidade e função na prática discursiva a ser estabelecida entre os interlocutores. Observa-se, ainda, que a tipologia textual está presente no dia a dia, sendo determinante para expressar a forma como cada sujeito apreende a realidade, ou seja, como a concebe e a interpreta.

O ato de apreensão da realidade está sujeito à forma de o ser humano conhecer a realidade, quer seja de forma experiencial, quer seja de forma material e espiritual. Afinal, não se conhece apenas por intermédio dos sentidos, mas das características, qualidades, perceptíveis ou não, que são inerentes a coisa a ser conhecida.

Conhecer revela uma ação continuamente buscada pelo ser humano, embora se reconheça que essa ação não será completa, devido a sua própria limitação de ser humano, contudo, o ser humano não desiste, mas insiste, devido a sua curiosidade e capacidade de tentar desvendar ou descobrir o desconhecido.

O tema do conhecimento é fascinante e de fato precisa ser constituído como objeto de estudo dessa Disciplina, visto que a forma como se conhece e as características do que se conhece estão presentes no modo como se expressam ideias, conceitos e argumentos. Muitas vezes o ser humano utiliza-se de inferências, outras de teorias e outras de tradições que sustentam a sua forma de posicionar-se na realidade social.

O certo é que o posicionamento adotado pelo ser humano em relação ao conhecimento é expresso por meio de textos discursivos. Esses textos, em grande parte, são construções humanas sobre suas percepções, seus achados e suas experiências. Algumas dessas construções são perpetuadas na história, quer seja pela afirmação, quer pela refutação. Afinal, até hoje perdura na realidade a seguinte questão: o que é conhecer? Para essa pergunta há uma infinidade de possibilidades advindas de diferentes campos do saber.

Então, como está sua curiosidade e disposição em relação a isso? O momento agora é fazer uma parada técnica e depois continuar caminhando. Afinal, já se venceram cinco etapas.

9.
UNIDADE TEMÁTICA 6: O PROCESSO DE CONHECER

A razão de se estudar sobre o processo de conhecer é que ele se concretiza na vida do ser humano. Assim, não há como passar ao largo do conhecimento, visto que é por seu intermédio que a realidade ganha significação. Diante disso, o conhecimento pode ser compreendido como o ato ou efeito de conhecer algo ou alguma coisa. Seja este algo, animado ou inanimado. Sendo assim, questiona-se: o que é conhecimento? Por que ele é considerado processo? Como se conhece?

O conhecimento é produzido para dar vida ao que se conhece, por esse motivo que ele é projetado em forma de processo. Este processo de conhecer torna-se indicativo do ato de construção e produção do objeto a ser conhecido. Isso é revelador, visto que não há uma única forma, mas uma gama de possibilidades e que continuam presentes no contexto social. O que isso significa? Significa que o ser humano, apesar da sua limitação, vem ao longo dos tempos apresentando meios de construção e produção do conhecimento. Esses meios podem ser considerados como se fossem canais de descoberta, quer sejam de natureza filosófica, teológica, científica, social, cultural ou histórica, porém é certo que eles não esgotam e não irão esgotar o próprio conhecimento.

Quanto à finalidade a ser atribuída ao processo do conhecer é possível alistar algumas razões, como: aquilo que torna alguém apto a agir em circunstâncias específicas; uma construção social; um meio de desbravar, desvendar, apreender um objeto pelo sujeito. Isso revela que quem conhece, de fato se apropria do objeto que conheceu ou se tornou conhecido. Concorda-se que "na busca pelo conhecer, o sujeito toma posse do objeto, porém essa posse é parcial" (FACHIN, 2005, p. 22), uma vez que o sujeito não pode conhecer na sua amplitude, mas apenas partes do objeto. Reside nesta afirmativa a capacidade do sujeito conhecer, mas, também, sua limitação quanto à sua capacidade de conhecer.

O Dicionário de Metodologia Científica apresenta duas definições a serem referendadas à palavra conhecimento. A primeira diz que conhecimento é uma "crença ou convicção verdadeira e justificada, ou seja, uma dada proposição *W* exprime conhecimento quando: a) *W* é verdadeira; e b) *W* é passível de justificação, de acordo com algum sistema teórico" (APPOLINÁRIO, 2011, p. 33). Nessa acepção visualiza-se um processo que se origina no campo teórico. Esse campo é que apresentará meios para validar/justificar ou não o conhecimento em sua proposição. Campo teórico é assumido aqui como aquele que gera pressuposições em relação a uma ideia ou temática defendida e por isso ele está presente nas diferentes áreas do conhecimento humano.

A segunda definição do Dicionário de Metodologia Científica informa que o conhecimento parte de uma "relação entre sujeito e objeto, ou seja, para haver conhecimento é necessária a existência de pelo menos dois componentes: a) um sujeito (S) cognoscente [...]; b) um objeto (O) cognoscível" (APPOLINÁRIO, 2011, p. 34). O que indica que o processo de conhecer é interacional, participativo e não unilateral. Uma possível ilustração deste conceito poderia ser feita assim:

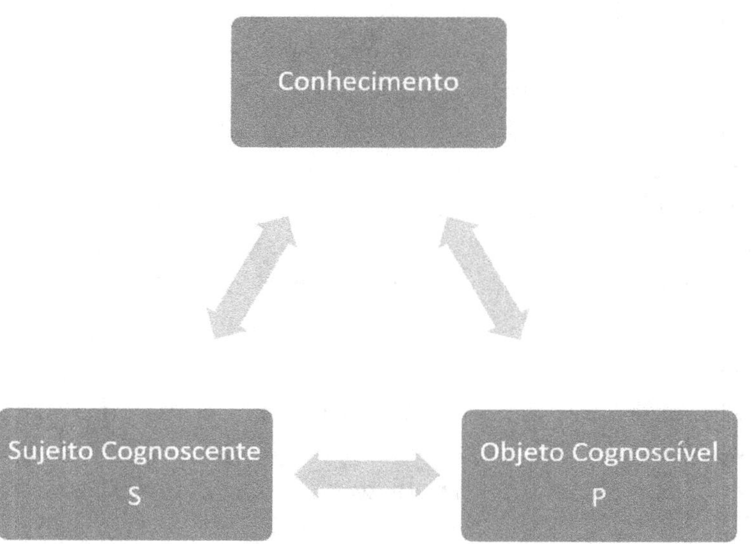

Elaboração da Autora, de acordo com os estudos efetivados (2018).

Outro conceito bem sugestivo sobre o processo do conhecer o compara a um organismo vivo, "que cresce e se modifica a partir de sua interação com o meio ambiente e reflete estados mentais que estão em constante interação com o meio e a transformação" (FIGUEIREDO, 2005, p. 43). Isso sinaliza para o caráter dinâmico do processo de conhecer, na medida em que não há espaço para acomodação, mas para buscar por sua transformação, visto que está mudando continuamente, diante das demandas advindas da própria realidade. Afinal, "o conhecimento é caracterizado como mecanismo de compreensão e transformação do mundo, como necessidade para ação e como meio de libertação humana" (LEHFELD, 2007, p. 23).

O processo de conhecer implica na ação humana, constituinte da necessidade de explicar os fenômenos e atribuir-lhes um nome. É a capacidade de investigar, questionar, pôr à prova episódios que necessitam de resposta ou elucidação. O conhecimento, portanto, altera-se à medida que novas descobertas são efetivadas e novas perguntas surgem, provocando o desejo de resolução.

É no processo de conhecer que se produz a reflexão, indispensável para o levantamento de perguntas e desejo de descobrir o novo, mesmo que se esteja diante de uma temática já conhecida ou estudada. Isso acontece porque a reflexão possibilita tecer novas conexões sobre o objeto investigado. "Essas conexões e interpretações geram diferentes significados, pois são construídos a partir dos olhares que cada aprendente (pesquisador) tece sobre a realidade" (DOMINGUES, 2017, p. 60).

De fato, "O ato de conhecer é natural é dá-se por meio da observação, assimilação de crenças religiosas, pelos sentimentos e motivações num processo dinâmico que é desenvolvido de maneira formal e informal" (LEHFELD, 2007, p. 23). Por esse motivo, buscar o conhecimento torna-se uma necessidade humana, que aponta para sua finitude e limitação.

A ação do conhecer é ativa, participativa e criativa. Ela envolve o sujeito dando-lhe ferramentas que o auxiliam no processo da significação pela descoberta. A descoberta é movida pela curiosidade que aguça a procura do sentido para o que é dado a conhecer. Isso, porém, não é feito de forma aleatória, antes parte de uma intenção provocada pelo ato reflexivo (DOMINGUES, 2015).

O ato reflexivo é o canal comunicativo para se pensar sobre a realidade. É claro que isso não é feito de maneira simples e descompromissada. Antes, a reflexão sugere posicionamento a ser assumido por aquele que pensa. Esse posicionamento gera ou produz novas ideias ou novos modos de compreender a realidade e visa, muitas vezes, substituir um pensamento ou influenciar os comportamentos e a maneira de ler e significar a realidade.

É no processo de reconstrução do conhecimento que a reflexão se insere como ferramenta que possibilita a tessitura de novas leituras sobre a realidade, pois a finalidade delineada volta-se justamente para repensar sobre o pensado, abrir-se para o desconhecido e interrogar a vida. Afinal, "o conhecimento ganha sentido num contexto de vida, num contexto de necessidade real, e, em circunstâncias concretas, convoca o indivíduo a agir, a empregar sua memória, a experimentar, a arriscar, a improvisar" (PERISSÉ, 2012, p. 18). Essa dinamicidade intrínseca do conhecimento motiva o aguçar da curiosidade, criatividade e autonomia pelo desconhecido.

O ato do pensar é inconcluso e por vezes indefinido, o que provoca mais reflexões e indefinições do que certezas. Afinal, as certezas humanas podem ser consideradas como sinais expressos em pontos de vista assumidos, a partir de interpretações sobre os sentidos atribuídos à vida. E, se assim o for, as próprias certezas sinalizam para uma forma peculiar de ler a realidade, atribuindo significados. Nessa direção, reconhece-se que:

> [...] este pensar articula-se na construção de conceitos que buscam assegurar um conjunto de pressuposições afirmadoras ou negadoras de uma realidade projetada e que serão legitimadas na convivência, quer de forma negociada ou conflituosa, amistosa ou combativa. O certo é que as pressuposições sustentam a forma como cada grupo social responde às indagações da existência e da essência humana (DOMINGUES, 2005, p. 227).

O conceito, então, apresenta-se como um elemento de elucidação do próprio ato de conhecer, pois carrega dentro de si a chave de interpretação que possibilita a compreensão sobre a realidade circundante. Este ato representa o desejo do ser humano em desvelar sobre um objeto, o que incita numa atitude de reflexão em ação, pois é no ato de construção e produção de um conhecimento que se pode perceber o desenvolvimento de competências que são mobilizadas para ação do pensar crítico, responsável, comprometido, o qual é compartilhado no sentido de tornar conhecido o desconhecido ou revelar o indecifrável que se deu a conhecer.

Desta forma, "Os conceitos, por mais rigorosos que sejam, só têm sentido à luz de outros conceitos. Quando tentamos pensar teoricamente, nossa visão-de-totalidade estará presente como um dicionário tácito de pressuposições" (CARVALHO, 2006, p. 192). Assim sendo, a pressuposição funciona como um fundamento sistematizado de uma ideia válida. Ela origina o argumento que será utilizado como defesa da descoberta efetivada. Pode-se dizer que a pressuposição se revela na pele de uma premissa admitida e validada por um processo de dedução ou indução aplicado, a fim de se chegar a uma conclusão.

O conceito é gerador de significados, os quais são definidos de forma abstrata para identificar, atribuir, categorizar com uma qualidade, característica, comum ao objeto, ao evento, à situação ou à propriedade. Assim, a utilização do conceito ocorre quando se está diante de um objeto ou fenômeno, atribuindo-lhe um valor universal, visto que não o observa por sua unidade e isoladamente. Ilustra-se o modo de aplicação do conceito, lançando mão do seguinte exemplo: **Luiz tem uma pedra.**

A sentença informa sobre um objeto. O que faz o conceito? Ele irá definir o significado de uma forma ampla. Para tal versará sobre o objeto, ao dizer que: A palavra pedra é conceituada como "matéria mineral, dura e compacta, que forma as rochas. Pedaço dessa matéria, de qualquer formato ou tamanho".

Observe que o conceito não se preocupa com a individualização do objeto em si, antes sua finalidade é explicar o significado de pedra, seja ela qual for. A partir do significado atribuído é conhecido o objeto, então é possível dizer que as pessoas compreendem a frase, porque compreenderam o seu conceito.

No contexto da produção do conhecimento a utilização do conceito é um caminho para se entender o significado do que se investiga. Isso facilita a interpretação e oferece diferentes leituras diante do objeto, porque há o entendimento sobre o sentido, ou seja, se é literal, figurado, técnico, religioso, dentre outros. Lehfeld (2004, p. 23) complementa dizendo que no âmbito do conhecimento "Há, assim, a formação de significados e ao mesmo tempo de uma prática, fazendo com que haja uma indissociabilidade entre teoria e prática, entre ação e reflexão". Isso demonstra que o conhecimento é adquirido para ser aplicado ou utilizado em uma situação real, o que permite inferir que sua ação não se limita ao campo das abstrações, mas da utilização das abstrações para que possam ajudar na materialização do objeto a ser conhecido.

Magalhães (2007, p.3) esclarece que "conhecer é elucidar a realidade. Etimologicamente a palavra elucidar vem do latim *lucere*, cujo significado é trazer a luz", o que implica em pensar que a finalidade do conhecimento é de fato desvelar o desconhecido, lançando luzes sobre o mesmo.

Ainda, sobre o âmbito do conhecimento é preciso ressaltar algumas de suas especificidades. Essas especificidades evidenciam o valor do conhecimento para a vida humana, no que diz respeito à sua manutenção, evolução e transformação. Diante disso, enumera-se a capacidade de o ser humano criar conhecimento. A partir da criação há a necessidade de transmissão e aplicação do conhecimento na realidade social. Essa transmissão e aplicação ocorrem por intermédio da mediação presente nas relações sociais, por isso são atos sociais dinâmicos que podem ou não ser absorvidos, porém isso não diminui sua importância, pois o conhecimento não é subtrativo, antes tem natureza aditiva, podendo ser ampliado, transformado e ressignificado.

O conhecimento, ainda, pode ser construído e apropriado por meio dos sentidos, mas também das experiências, das vivências, das crenças, da cultura, dos comportamentos dos grupos sociais. Ele se expressa na interlocução entre os sujeitos e o objeto do conhecimento, sendo divulgado, refutado, assimilado ou revisitado. O conhecimento não se esgota, porque não há como o ser humano conhecer tudo, antes ele se esforça na apreensão do que consegue abstrair e perceber da realidade social, por esse motivo que o conhecimento parte da realidade e para ela retorna.

O conhecimento transforma as informações, dando a elas uma finalidade. Assim, as informações oriundas de dados são reagrupadas para consubstanciar a relevância do conhecimento. Na escala do ato de conhecer é muito comum percebê-la numa figura piramidal, em que indica que quanto mais próximo do ápice, mais há depuração e grau de confiabilidade nesse ato.

Elaborado pela autora, a partir dos estudos efetivados (2018).

Neste sentido, é possível inferir que o conhecimento é o resultado da transformação de dados em informações e de informações em conhecimento. Essa transformação não é efetivada de maneira simples, mas a partir de análises e sínteses que se fazem necessárias ao processo de construção e elaboração contínuo.

No ato de construção do conhecimento faz-se necessário a presença do sujeito e do objeto, eles são essenciais, visto que é nessa relação que se gerará a forma como o sujeito capta e significa o objeto, construindo referências para que o mesmo seja compreendido por outros sujeitos. Os referenciais passam a ser alvo de reflexão e por isso eles podem ser legitimados ou não, diante de novas maneiras construídas de interpretá-los, o que pode dar origem a novas teorias e conceitos. Isso indica a natureza aberta do conhecimento diante das percepções e inferências efetivadas pelos sujeitos.

Há que ressaltar a forma como o conhecimento se manifesta no interior das relações sociais. Existem duas formas: tácita (prática) e explícita (teórica). Essas formas se interpenetram e podem até mesmo ser consideradas como complementares, visto que o conhecimento tácito subsidia o explícito e o explícito subsidia o tácito, pois aqui se estabelece a relação entre teoria e prática. A teoria sem a prática é esvaziada de sentido, assim como a prática sem teoria.

Sobre o conhecimento tácito é preciso dizer que ele se configura nas percepções dos seres humanos, oriundas das experiências, intuições, crenças pessoais, tradições, costumes que foram transmitidos de geração a geração. Ele se manifesta em comportamentos que manifestam o modo como sujeitos respondem questões básicas da realidade, portanto é um conhecimento de caráter subjetivo-cognitivo.

"O conhecimento tácito é criado e compartilhado em torno das relações, das interações entre os humanos e o mundo à sua volta. O conhecimento tácito é construído através das experiências práticas e das trocas espontâneas entre as pessoas (FIGUEIREDO, 2005, p. 48)." Estão nessa categoria, os ditos dos antigos, a utilização das ervas, as explicações sobre fenômenos/eventos, o tempo de plantar, colher, as crenças defendidas etc.

Já o conhecimento explícito diz respeito ao modo como o conhecimento tácito é materializado por meio da linguagem formal, por isso sua natureza é objetiva. Isso indica que ele pode ocorrer no contexto das interações sociais ou em situações que estão presentes o processo de ensinar e aprender. Ele pode ser estruturado, formalizado ou sistematizado. Assim, quando ocorre a transmissão de um saber de um sujeito para outro é possível dizer que o que está ocorrendo é a comunicação de um conhecimento, que pode ou não ser apreendido.

O conhecimento explícito envolve não apenas as ações, mas os saberes indispensáveis para a ação. E essa ação não é feita de forma ingênua, mas se tem propósito, ou seja, intencionalidade, por isso que quando é incorporado, ele começa a fazer parte do repertório de saberes daquele que se apropriou do mesmo. Exemplos de conhecimento explícito são oriundos de fontes documentais, tecnológicas, instrumentais.

É claro que o saber implica na ação e numa ação informada, a qual reflete sobre a presença de competências e habilidades desenvolvidas pelo sujeito em relação ao conhecimento absorvido. Essa ação é bem recorrente na transmissão de uma prática ou técnica (cozinhar, costurar, desenhar, escrever, pintar, entalhar, construir, projetar, dentre outras). Portanto para ensinar é preciso ter domínio sobre o objeto. Infere-se, portanto, que o conhecimento explícito informa sobre um conhecimento que tem como finalidade chegar ao resultado objetivado para ele. É um conhecimento de caráter teórico-prático, construído por meio de certo grau de certeza e plausibilidade, sendo muito valorizado pela cultura Ocidental.

"O conhecimento explícito é um tipo de informação, mas não qualquer informação. Ele é um tipo de informação com propósito e grande potencial gerador de conhecimentos (FIGUEIREDO, 2005, p. 53)." Isso indica que o conhecimento explícito é gerado no contexto da informação e essa informação produz novo conhecimento, ou seja, novas possibilidades de trabalhar com o objeto. Assim, ao ser transmitido a outros sujeitos, ele poderá provocar o retorno ao estado do conhecimento tácito, visto que os sujeitos irão incorporá-lo ao seu jeito de pensar, decidir ou intuir sobre o conhecimento transmitido, porém a medida que os sujeitos transmitem ou compartilham a outros ocorre novamente a materialização e a sistematização, que permite que novos conhecimentos sejam construídos, adaptados, ressignificados. É possível ilustrar assim:

Elaborado pela autora, a partir dos estudos desenvolvidos (2018).

Há correlação entre os conhecimentos de origem tácita e explícita, por isso que não se pode hierarquizá-los, como se um deles tivesse maior potencial que o outro. Antes, devem ser considerados em complementaridade, visto que no contexto social, ambos são utilizados para explicar a forma como as situações e ou fenômenos são interpretados, experenciados e lidos pelos sujeitos quer subjetiva ou objetivamente.

Ainda sobre o conhecimento é preciso compreender que no processo de sistematização, ele pode tornar-se uma teoria, uma pressuposição ou conceitos. Esse tema apesar de ter sido introduzido, merece ser revisitado, porque ele é fundamental ao ato de produção científica.

No processo de sistematização, o que se busca é a materialização do conhecimento, que para se tornar público precisa conter elementos de explicação sobre o objeto investigado. Essas teorias, pressuposições e conceitos formam o arcabouço do conhecimento a ser disseminado e utilizado para explicar uma dada realidade ou um fenômeno. Pode-se ilustrar assim:

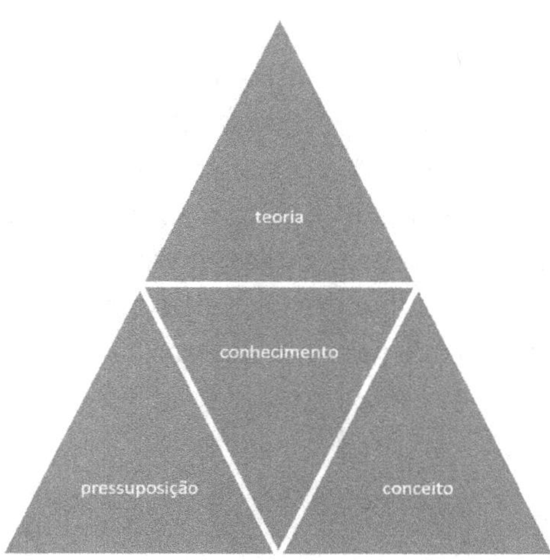

Elaborado pela autora, a partir dos estudos desenvolvidos (2018).

A teoria é a maneira que se explicita sobre um determinado fenômeno, no sentido de dar explicações lógicas para sua existência na realidade social. Assim, quando se quer falar de um objeto investigado, recorre-se à teoria que o fundamenta. Isso indica que no contexto do conhecimento, não se pode argumentar a partir de opiniões, mas de ideias fundamentadas em uma teoria. A teoria oferece força ao argumento e objetiva trazer à luz sobre algo a ser desvendado.

"A teoria é construída para explicar ou para compreender um fenômeno, um processo ou um conjunto de fenômenos e processos (MINAYO, 2016, p. 16)." Ela traduz este fenômeno ou o conjunto de fenômenos em algo compreensível na realidade social, a partir dos pressupostos defendidos.

As teorias, ainda, apresentam algumas funções. Essas funções são de natureza orientativa, explicativa e procedimental, pois objetivam compreender, descrever e interpretar sobre o objeto investigado, na medida em que ele é problematizado. Essa problematização faz levantar hipóteses que precisam ser verificadas, a partir dos dados constituídos. Após essa verificação são efetivadas as respostas ou os caminhos a serem trilhados na leitura do objeto investigado.

As respostas conduzem a construção de pressuposições, que dizem respeito às afirmações sobre as hipóteses levantadas e comprovadas. Assim, elas têm como finalidade "serem capazes de lançar luzes sobre as questões reais; serem claras e inteligíveis; apresentarem com precisão a relações abstratas entre elementos, fatos, processos que buscam explicar ou interpretar" (MINAYO et al, .2016, p. 18). Isso indica que as pressuposições apresentam postulados e/ou premissas que validam a teoria e a defesa do seu discurso.

O discurso é elaborado a partir de conceitos advindos da teoria e das pressuposições. Esses conceitos tendem a ser universais e estão imbuídos de sentido e significados, visto que para compreender uma teoria é preciso se apropriar do conceito defendido. Assim, uma palavra pode ter vários conceitos, a partir da teoria que lhe fundamenta. Por exemplo: "formação humana", ela terá contornos diferentes quando interpretada tanto por uma teoria positivista como materialista. A primeira dirá que a formação humana deve pautar-se na absorção de conhecimentos de maneira acrítica. Já a segunda defenderá que a formação humana é fruto das coalizões, do conflito estabelecido entre as classes sociais.

É claro que podem surgir novas teorias que irão questionar os pressupostos ou a validade do discurso de teorias consolidadas historicamente, isso é saudável, visto que o conhecimento de um modo geral não pode ser enquadrado em uma única teoria. Por esse motivo que há uma infinidade delas, tentando explicar fenômenos advindos da realidade, quer seja material ou imaterial. O importante, porém, é verificar como as teorias se comportam e a que caminhos elas conduzem o sujeito cognoscente. Esse caminho distancia ou o aproxima do eixo que pauta sua existência. Eis algo que se deve perguntar diante das teorias construídas e dos discursos levantados.

O que se pode perceber da relação entre teorias, pressupostos e conceitos é que eles formam um arcabouço discursivo, gerador de uma lente de interpretação da realidade social. Assim, é possível perceber que ao longo da história, essas lentes sempre estiveram presentes, visto que sua função estava dirigida para explicar o desconhecido, ou seja, tornar o desconhecido em algo compreensível e palatável pelo ser humano.

Do ponto de vista do conhecimento é possível identificar as diferentes tentativas na área de ciências humanas e sociais (filósofos, teólogos, historiadores, sociólogos e antropólogos), no ato de construção de explicações sobre a realidade social. Enfatizam-se, aqui, as ciências humanas e sociais, porque elas se constituem como campo do conhecimento em que a Teologia está situada.

Reconhece-se que o ato que deu origem a diferentes correntes de pensamento, advém do contexto histórico-social. Nesse contexto, as correntes de pensamento coabitam, sendo muitas delas convergentes, outras conflituosas e outras até distanciadas em seus discursos sobre os fundamentos da vida. O certo é que cada sistema de pensamento apresenta posições definidoras sobre o ato do conhecimento. Elas, ainda, se fazem presentes e influenciam a maneira como a humanidade lê e interpreta os fenômenos e a realidade em que se encontram submersos.

Ao finalizar esta Unidade, é preciso atentar para o ato do conhecer, afinal ele é essencial para abrir portas sobre o desconhecido. Tanto é assim que é possível dizer que "o ato de conhecer é o processo de interação efetuado entre o indivíduo e a realidade" (MAGALHÃES, 2007, p. 3). A interação já indica que o conhecer é dinâmico, visto que seu objetivo é responder a uma dúvida ou inquietação humana. Essa inquietação humana é algo que precisa ser valorizado continuamente, porque de fato o ser humano é insaciável. Nesse sentido, cabe agora identificar como o conhecimento é categorizado, visto que a partir dele é possível compreender o modo como o ser humano conhece a realidade circundante. Então, prontos para tal jornada?

10.
UNIDADE TEMÁTICA 7: TIPOLOGIA E CARACTERÍSTICAS DO CONHECIMENTO

O conhecimento tal como é apresentado, não se limita a uma só finalidade. Antes, ele se materializa a partir de diferentes tipologias. Essas tipologias informam sobre sua natureza e aplicabilidade no contexto social e possibilitam ao sujeito cognoscente o acesso a diversas formas de se apropriar do objeto a ser conhecido.

Vale ressaltar que as diferentes tipologias do conhecimento não acontecem distanciadas do sujeito, isso indica que o conhecimento faz parte da vida do ser humano, assim, ele se torna portador das diferentes tipologias. Então, o sujeito pode utilizar desde o conhecimento empírico até o científico para explicar ou compreender os fenômenos sociais, religiosos, políticos, econômicos, históricos, filosóficos, dentre outros. É o sujeito que faz uso do conhecimento e não o seu contrário. Como bem explicitado por Marconi e Lakátos (2004, p. 21), ao afirmarem que:

> Essas formas de conhecimento podem coexistir na mesma pessoa: um cientista, voltado, por exemplo, ao estudo da física, pode ser crente praticante de determinada religião, estar filiado a um sistema filosófico e, em muitos aspectos de sua vida cotidiana, agir segundo conhecimentos provenientes do senso comum.

Os estudos desenvolvidos em Metodologia Científica e Filosofia classificam o conhecimento em: senso comum; filosófico; teológico e científico. A finalidade desta classificação é demonstrar o grau de verificabilidade e confiabilidade do conhecimento, frente à forma como ele está constituído, a partir de uma tipologia. Pergunta-se: se existem vários tipos de conhecimento, por que a ciência apenas valida o que ela produz, enquanto conhecimento? A partir dessa questão faz-se necessário estudar as tipologias e a forma como elas ajudam no processo de produção do conhecimento.

A classificação do conhecimento possibilita compreender a forma como ele age na realidade, na medida em que impacta a vida do ser humano. Assim, a partir da classificação do conhecimento é possível fazer a seguinte ilustração gráfica:

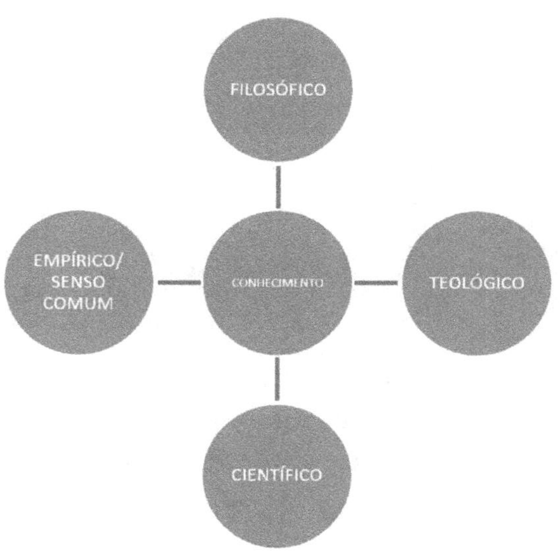

Elaboração da Autora com base nos estudos efetivados (2018).

O primeiro tipo de conhecimento, **o senso comum,** se expressa no campo da vivência e da experiência humana, ou seja, aquele conhecimento que se origina por meio da tradição oral, transmitido de geração a geração. Indica, ainda, os costumes, os comportamentos e os valores legitimados por um determinado grupo social, mas que não estão fundamentados por uma base teórica sistematizada.

É preciso salientar que o conhecimento do senso comum pode ser denominado empirista, visto que a forma como se expressa na realidade é por intermédio das experiências vividas, as quais abrangem sensações, sentimentos, tradições; emoções; e percepções próprias e singulares. Essa forma atua no contexto da vida e pode ser facilmente verificada por meio da efetivação da relação causa e efeito, o que pode imprimir um caráter moralista a esse conhecimento.

Sobre este conhecimento é dito, ainda, que ele ocorre no interior dos grupos sociais e é "conseguido na vida cotidiana e, muitas vezes, ao acaso, fundamentado apenas em experiências vivenciadas ou transmitidas de uma pessoa a outra, fazendo parte das antigas tradições" (FACHIN, 2005, p. 5).

O conhecimento denominado senso comum ou empírico não pode ser assumido a partir do *status* verdade absoluta, visto que cada grupo apresenta seu conjunto de "verdades", definidoras de sua visão de mundo, por esse motivo ele é particularizado e seletivo. "Limita-se à forma de saber espontâneo. Prático e sem a pretensão de ser profundo, é empregado na vida diária sem a necessidade da procura ou do estudo" (OLIVEIRA, 2003, p. 37). Sendo assim, as características predominantes deste conhecimento são de caráter valorativo, superficial, reflexivo, flexível, assistemático, falível, subjetivo, não-crítico, verificável e, inexato.

As características do conhecimento empírico já revelam por si mesmas sobre o grau de veracidade de suas premissas. Isso indica que a não durabilidade de suas conclusões e a adaptabilidade das mesmas diante da realidade onde foram criadas e ou transmitidas. Apesar disso, não se pode desprezar o conhecimento empírico, visto que se torna o ponto de partida para a prática da investigação. Afinal, de onde vêm as perguntas que se fazem sobre a realidade? De onde partem as inquietações e ou dúvidas que se têm sobre certos fenômenos? Descartar o conhecimento empírico é uma forma de desprezar a prática cultural em que o ser humano está imerso.

O segundo tipo de conhecimento, **filosófico**, tem como base a indagação, o questionamento e a dúvida. A partir de sua ação reflexiva é que as ideias ganham vida e expressividade. Afinal, é por intermédio de fenômenos que se busca a compreensão da realidade. Pode-se dizer que o conhecimento filosófico tem por finalidade o "desenvolvimento funcional da mente procurando educar o raciocínio" (FACHIN, 2005, p. 4). Isso indica que o conhecimento filosófico prima pela lógica dos argumentos, ou seja, ele busca a validade das premissas e dos conceitos defendidos.

O conhecimento filosófico assume como características o caráter valorativo, sistemático, racional, infalível, exato, e, não verificável. Situa-se no campo das ideias, por isso tem natureza abstrata, imaterial e não corpórea. Isso quer dizer que, o conhecimento filosófico "tem como objeto as ideias, isto é, as relações conceituais. Assim, não são passíveis de observações sensoriais, utilizando-se de um método racional no qual prevalece o processo dedutivo" (OLIVEIRA, 2003, p. 38).

Um bom exemplo sobre a inserção do conhecimento filosófico é a menção ao Mito da Caverna de Platão. Nele, é possível ver a inquietação e curiosidade humanas sobre a realidade. E, ainda, as descobertas efetivadas e a necessidade de compartilhamento. Afinal, o ser humano como animal social não reserva para si o conhecimento, antes tem o desejo de comunicá-lo, publicá-lo, tornando acessível para outros.

A acessibilidade ao conhecimento deriva da necessidade de torná-lo racional e, compreensível à mente humana, por isso que reverbera no âmbito da Filosofia a aplicação do método dedutivo, visto que ele "antecede a experiência, e não exige confirmação experimental, mas somente a coerência lógica" (MARCONI; LAKÁTOS, 2004, p. 19), em relação às premissas estabelecidas.

O conhecimento filosófico não pode ser objeto de verificação ou experimentação, pois sua natureza não possibilita a confirmação por meio de métodos ou técnicas de pesquisa. O seu campo é o do discurso, da linguagem, da retórica e da argumentação, o que implica em pensar na produção do conhecimento a partir da utilização de um raciocínio puramente lógico e conceitual.

O conhecimento filosófico busca não particularizar ou restringir o objeto, antes sua finalidade é a construção de uma ideia geral, universal e unificadora sobre o cosmos, daí o seu interesse em tentar oferecer respostas às questões mais fundamentais do ser humano em relação à existência e essência, como: quem sou? Por que estou aqui? O que é realidade? O que é verdade? O que é certo ou errado? Existe outra realidade além desta?

O conhecimento filosófico ajuda o ser humano a compreender a si mesmo, ao outro e a realidade, por isso é fundamental no ato de produção e construção de ideias e posicionamentos. Agora, se eles estão corretos ou não, isso é outra história a ser contada, ou, até mesmo, interrogada.

O terceiro tipo de conhecimento, **teológico**, não se afirma por meio de máximas filosóficas e nem por sensações, antes é fruto da fé. Uma fé racional, não embrutecida ou mágica, embora exista a possibilidade de algumas tradições religiosas se servirem da magia e do encantamento. Porém, o que é preciso enfatizar é que o conhecimento teológico advém de um processo sobrenatural mediado pela revelação, a qual dá origem ao que se denomina de "sagrado".

Ainda sobre a fé, Fachin (2005, p. 9) ressalta que ela é se expressa "por meio das capacidades que a pessoa possui para pensar, sentir e querer. Ela tem morada na parte invisível e espiritual, e é nisso que consiste todo o seu poder". A fé, portanto, faz parte da vida do ser humano e o sustenta, diante das incógnitas que a mesma vida lhe impõe sobre o seu sentido de ser, viver e agir.

Aqui, cabe distinguir o conhecimento teológico do religioso, embora autores como Fachin, Oliveira, Lakátos, entre outros, os consideram sobre o mesmo prisma ou categoria. Diferente deles compreende-se que o conhecimento religioso está fundamentado nas tradições, crenças e culturas religiosas de um determinado povo. Esse conhecimento parte da ideia de um mundo separado do mundo material, que é místico e, nele residem poderes mágicos que controlam a vida.

Já o conhecimento teológico não se restringe à esfera espiritual, antes abrange todas as dimensões da vida, visto que ela é entendida a partir daquilo que foi revelado ao ser humano por Deus. E nesse ato é possível vislumbrar a completude do conhecimento, visto que há complementaridade entre as dimensões de natureza espiritual e material. Afinal, vive-se para a glória de Deus, a partir dos atos realizados no plano material. Não se nega ou foge da realidade, mas é a partir dela que a glorificação é evidenciada. O ser humano se completa em Deus.

O conhecimento teológico tem a revelação como ponto de partida, como foi asseverado antes. Essa revelação se fez conhecida dos seres humanos por meio do próprio Criador de tudo e de todos. A partir da ação do Criador, o ser humano pode ter acesso ao conhecimento sobre o conteúdo da revelação. Esse conteúdo não é total, pois é dado mediante o exercício da soberania e vontade do Deus que se revela continuamente.

A premissa maior do conhecimento teológico é a incontestabilidade de seus pressupostos, ou seja, não há espaços para refutação ou negação, mas aceitação pela fé das verdades contidas no ato da revelação. Assim, é possível destacar como características desse conhecimento a valoração, inspiração, sistematização, infalibilidade, exatidão e universalidade.

O quarto tipo de conhecimento, **científico**, informa sobre os dados verificados e experimentados. Este conhecimento não aceita nenhuma conclusão que não seja passível de análise, portanto é sistematizado, conclusivo, lógico, e, sobretudo, falível, visto que pode ser alterado a partir de novas descobertas científicas.

A importância atribuída ao conhecimento científico ressalta o valor da ciência, enquanto conhecimento racional que se pretende chegar num resultado certo ou provável, o qual é obtido por intermédio da aplicação de métodos aceitos por uma comunidade científica. Esse resultado é transformado em premissas ou pressupostos que irão definir o objeto em sua relação com a realidade.

O conhecimento científico faz parte da vida do ser humano e do seu desejo de compreender a realidade. Nesse ato de compreensão, o ser humano levanta hipóteses a serem testadas, a partir da utilização do método científico. Isso ocorre, porque "compete ao ser humano, usando de seu intelecto, desenvolver formas sistemáticas, metódicas, analíticas e críticas da missão de inventar e comprovar novas descobertas científicas" (FACHIN, 2005, p. 11).

Ressalta-se que o conhecimento científico possibilita ao ser humano desvendar o desconhecido, por meio da criação de teorias, aplicação de fórmulas e técnicas científicas, utilização de métodos de análise. Afinal, o conhecimento científico reserva íntima ligação entre causa e efeito. Pode-se dizer que a produção do conhecimento científico se vale do método experimental da ciência, isso porque a ciência "caminha apoiada nos fatos reais e concretos, afirmando somente aquilo que é autorizado pela experimentação" (MARCONI; LAKÁTOS, 2004, p. 19).

É preciso, ainda, evidenciar que a partir da experimentação é possível confrontar teorias, quer seja afirmando, quer seja refutando. E nesse ato, é que podem ter origem novas propostas que ajudam na explicitação do fenômeno investigado, o qual é decorrente da aplicação de suas características fundamentais como: sistematização; flexibilização; factualidade; verificabilidade; falibilidade; contingencial; aproximativo do real.

As tipologias do conhecimento informam sobre diferentes possibilidades de produção e construção de saberes. Essas diferentes possibilidades, ainda, assinalam para a diversidade de explicações que são criadas para os fenômenos e, por esse motivo, não se limitam a uma única forma de enxergar a realidade. Isso pressupõe afirmar que o conhecimento não se esgota em si mesmo, antes se torna um meio para conduzir o ser humano em busca de respostas acerca da vida e do desconhecido.

A partir da identificação da tipologia do conhecimento, faz-se necessário discutir sobre as formas de raciocínio a serem utilizadas no contexto da produção e da construção de pensamentos, ideias, pressupostos, teorias e conceitos. Isso indica que no interior de cada tipologia existe uma explicação atribuída aos fenômenos. Afinal, o desejo de conhecer e compreender a realidade torna-se o ponto chave para a produção e sistematização do próprio conhecimento.

Este desejo de compreender requer uma forma de raciocínio a ser utilizada, visto que é por seu intermédio que as inferências ganham espaço no contexto da produção de saberes e conhecimentos. O Dicionário de Metodologia Científica (APPOLINÁRIO, 2011, p. 103) define inferência como "processo de raciocínio através do qual se derivam conclusões a partir de premissas. Inferir costuma ser utilizado como sinônimo de concluir". Pode-se dizer que o objetivo da investigação é chegar a uma conclusão sobre o objeto alvo da pesquisa. Essa conclusão é feita por meio de um raciocínio, que se sustenta a partir de argumentos tecidos sobre o objeto de estudo.

Ao compreender sobre a inserção das tipologias no contexto do ato de conhecer, cabe agora discutir como este conhecimento pode ser produzido em forma de teoria ou sistema de pensamento. Isso de fato é imprescindível ao pesquisador, porque no ato de construção da pesquisa lança mão de uma base teórica, como fio condutor de argumentos e defesa, acerca da temática investigada.

Ao concluir mais uma etapa, chegou o momento de conferir sua aprendizagem. Que tal recapitular os conceitos já desenvolvidos. Bons estudo e leitura.

11.
UNIDADE TEMÁTICA 8: AS TEORIAS E SUAS BASES

Não é a pretensão, desta Unidade, efetivar um estudo aprofundado das correntes de pensamento, mas apenas identificá-las, pois com certeza é preciso ter critério na eleição de uma delas como esteio a ser utilizado no ato de construção de argumentos, conceitos e pressupostos, visto que as teorias estarão presentes por meio de uma ordem discursiva defendida em textos e trabalhos acadêmicos. Dito isto, pergunta-se: quais as teorias a serem contempladas? Quais suas bases e implicações?

Para a composição desta Unidade de estudo são eleitas algumas teorias. Assim, constituem alvos de análise: a teoria positivista; materialista; do pensamento complexo; e pós-moderno. Por fim, conclui-se com os pressupostos sustentadores da cosmovisão cristã bíblica. Reitera-se que foi efetivado um recorte de tempo e de teorias, firmado em dois critérios: o primeiro foi demarcado pelo início da aplicação do método científico, enquanto critério universal e absoluto, para se chegar à verdade; e o segundo, a presença de teorias divergentes da visão positivista.

Já a cosmovisão cristã bíblica se contrapõe às visões ora apresentadas, devido aos princípios basilares eleitos, os quais não se fundamentam em teorias científicas, tanto que sua natureza é a-teórica, contudo é preciso saber o que ela defende, a fim de que se possa confrontar com aquilo que se intenciona escrever, no sentido de perceber se fere ou não os seus pressupostos. Essa é a busca da coerência e da presença de uma identidade cristã bíblica.

11.1 O POSITIVISMO EM QUESTÃO: AS BASES DA DOUTRINA E DO MÉTODO

A leitura sobre a doutrina e o método construído (idealizado) por Auguste Comte, permite tecer algumas inferências, no que tange a sua parte constitutiva e que, sem dúvida, formam as bases do pensamento positivista. Não se pode, porém, analisar as bases do pensamento dissociadas do seu tempo histórico, o que poderia retirar o avanço que esse pensamento, para muitos estudiosos, representou, à medida que buscou uma nova forma de organizar a ciência, a partir do método que visava o progresso do conhecimento e da razão, em detrimento de uma visão sobrenatural e ou metafísica dos fenômenos.

Esta demarcação inicial é importante, uma vez que a filosofia positiva não é obra de um só momento, mas de uma evolução do pensamento, que tinha como marca inicial, o caráter crítico e revolucionário presente nas ideias de Condorcet e Saint Simon[11]. Dessa forma, pode-se analisar esta evolução, que pode ser também uma (in)volução, pois ocorreu no interior de suas bases primeiras, em dois momentos: fase utópica e fase positiva.

Na fase utópica, as ideias formuladas se colocavam contra as forças hegemônicas da sociedade feudal e tinham como propósito eliminar o monopólio e o controle do conhecimento social exercido pelas classes dominantes. Propunha uma ciência natural da sociedade, objetiva e livre do preconceito. As raízes das ideias defendidas por estes pensadores estavam fincadas nas ciências exatas; em Condorcet na Matemática Social, e Saint Simon na Fisiologia Social. Estas ciências davam provas da precisão, do rigor científico, da observação verificável e do processo de quantificação necessário para explicação do fenômeno.

Na fase positiva, proposta por Comte, tem-se como meta os seguintes aspectos: a conservação da ordem estabelecida; o determinismo biológico; a invariabilidade das leis naturais; a neutralidade (destituir-se de juízos de valor); a legitimação e consolidação da hegemonia estabelecida; a construção do pré-conceito (pré-noções); a objetividade científica; o estabelecimento da lei dos três estados; e a difusão das ideias de resignação, acomodação e preservação.

Os postulados defendidos por Comte baseiam-se na ciência natural e podem ser assim descritos: 1- a sociedade é regulada por lei natural; 2- os métodos e os procedimentos para conhecer a sociedade são os mesmos

---

11 Positivismo é "um termo cunhado pelo filósofo socialista Claude Henri Saint-Simon e popularizado por seu aluno Auguste Comte, considerado o pai da Sociologia. Genericamente, o termo refere-se à postura filosófica segundo a qual somente o conhecimento científico é válido e genuíno, opondo-se ao conhecimento metafísico, mítico e teológico. O positivismo não aceita outra realidade que não advenha dos fatos" (APPOLINÁRIO, 2011, p. 153).

empregados na natureza; e 3- a objetividade científica é o ponto alto da doutrina positiva.

A forma como Comte estruturou a filosofia positiva teve algumas implicações que repercutiram na sua época e que, ainda hoje, é muito utilizada no contexto científico, isso quer dizer que os ecos da filosofia positiva estão vivos na contemporaneidade, tamanho o seu caráter ideológico e determinista. Há uma desvinculação da teoria com as classes sociais, os valores morais, as ideologias, as utopias e as visões de mundo que não estejam sujeitos à objetividade e à racionalidade científica.

Na lei dos três estados observa-se que o objetivo apregoado por Comte era partir de um ponto inicial para atingir o estágio positivo. Neste sentido, toma-se o estado teológico como ponto de partida, ao considerar que neste estágio a inteligência é primária e superficial, não tendo divisão regular dos conhecimentos e, que os fenômenos são atribuídos a agentes sobrenaturais, apontados como os responsáveis pelas anomalias presentes no universo.

Em seguida, passa-se pelo estado metafísico (o bastardo), o que não encontra legitimidade – o qual trabalha com questões também insolúveis. Os agentes sobrenaturais são substituídos por forças abstratas e que são responsáveis por todos os fenômenos observados. Finalmente, chega-se ao estado positivo em que a inteligência humana está pronta para descobrir, desvelar os fenômenos, a partir de leis efetivas, que requerem observação, raciocínio e precisão. Tem-se como meta representar todos os fenômenos observáveis como casos particulares de um único fator geral.

Este propósito só será verificado a partir das categorias principais dos fenômenos naturais aplicadas às situações investigadas e que devem caminhar para a revolução, à medida que se afasta das explicações quiméricas, sobrenaturais e dos métodos provisórios aplicados pelos estados teológicos e metafísicos.

Busca-se então, apresentar em forma de síntese vinte e uma pressuposições vinculadas ao pensamento positivo, a fim de oferecer uma visão panorâmica de sua teoria e ou filosofia positiva. Assim, a teoria objetiva:

1. Determinar exatamente as leis efetivas dos fenômenos;

2. Rejeitar e afastar-se da **Filosofia Teológica**, que explica e desvenda todos os mistérios, assim como as causas primeiras de forma sobrenatural;

3. Confirmar ou não uma teoria:

4. Superar o estado primitivo da inteligência humana presente no estado teológico e metafísico;

5. Representar todos os fenômenos observáveis, como casos particulares de um único fato geral;

6. Verificar os fenômenos, por meio de um único método da **Filosofia Positiva**, mediante relações de sucessão e similitude;

7. Subordinar a imaginação e argumentação (métodos do estado teológico e metafísico) à observação;

8. Entender os fenômenos em seus diferentes graus (generalidade, simplicidade e independência);

9. Reduzir tudo a uma questão do fato;

10. Introduzir os fenômenos sociais como a quinta categoria de análise e observação;

11. Buscar a homogeneidade das concepções fundamentais, para coordená-las e apresentá-las como integrantes de um tronco comum;

12. Partir do simples para o complexo;

13. Incluir os fenômenos sociais como uma categoria distinta da filosofia positiva, o que conduziria a fundação da física social;

14. Submeter todos os fenômenos às categorias principais da astronomia, física, química, fisiologia e social para compreensão e análise;

15. Provocar a reforma e a regeneração na educação, ao adotar um sistema geral de conhecimentos e um especial;

16. Reduzir o espírito das ciências (seus métodos principais e seus resultados);

17. Adotar procedimentos científicos, a fim de formar hábitos intelectuais;

18. Fundar os conhecimentos em observações e aprofundá-los;

19. O método deve caminhar junto às investigações, pois oportuniza o acompanhamento do seu emprego;

20. Buscar a descoberta precisa e a redução ao menor número de variáveis. Conclui-se, então, que "Só a filosofia positiva pode ser considerada a única base sólida da reorganização social" (COMTE, 2000, p. 39).

Conclui-se que o Positivismo rompe com o pensamento advindo da Teologia e o substitui por uma visão humanista e positiva da realidade, centrada na ciência, a qual se torna o eixo que movimenta todo o conhecimento. Afinal, se o conhecimento não é observável, verificável ou experimentável, ele não pode ser chamado de conhecimento.

11.2. O MATERIALISMO HISTÓRICO E SUAS BASES

Na perspectiva materialista histórica, a transformação torna-se a pedra de toque e não mais a manutenção e a perpetuação dos modelos capitalistas, que traduzem o discurso em favor do bem-comum. Para o Dicionário de Metodologia Científica (APPOLINÁRIO, 2011, p. 115-116), o marxismo é compreendido como uma

> Doutrina concebida pelos filósofos alemães Karl Marx (1818-1883) e Friedrich Engels (1820-1895) acerca da realidade social, política e econômica. Sua ideia central é a de que o ser humano é um ser de natureza exclusivamente biológica e que o progresso material e econômico depende da conscientização de que o capitalismo explora o trabalho assalariado, alienando-os dos mecanismos de dominação existentes e perpetuando a divisão das pessoas em classes sociais distintas.

Por esse motivo, que os conceitos evidenciados no pensamento marxista apontam para o que está subjacente ao sistema capitalista, o qual deve ser superado, transformado a partir das máximas: ser social e histórico; consciência social; meios de produção; forças produtivas; e relações de produção.

O materialismo histórico abarca em sua concepção três características: 1- a materialidade do mundo (objetos, fenômenos e processos), e que pressupõe matéria em movimento; 2- a existência anterior da matéria em relação à consciência, sendo ela o seu reflexo e que é tomada como realidade objetiva; e 3- o mundo é conhecível –processo gradual que demanda tempo não determinado.

O materialismo histórico sinaliza, também, para a luta de classes, o motor impulsionador do movimento dialético e que se repercute na história, a partir da introdução do conceito de **mais valia**, que é produzido pelo trabalho excedente e capital excedente, o qual é apropriado pelo capitalista e expropriado do operário. Nesta linha se apresenta duas formas de manutenção da ordem estabelecida pelo capital: a primeira é a alienação; e a segunda é a ideologia e seus processos legitimadores, que se traduzem na forma de fetichização e reificação, os quais resultam no poder e na humanização da mercadoria, em contraposição ao seu produtor que é despossuído e desumanizado pelas leis de mercado.

O campo teórico do materialismo histórico é composto dos seguintes elementos: matéria; dialética; e prática social. Sendo a matéria o seu princípio; a dialética o modo de compreensão da realidade e que contempla o meio de produção, a força de produção e as relações sociais; e por último, a prática social que é considerada como critério da verdade.

11.3. PENSAMENTO PÓS-MODERNO E SUAS BASES

O pensamento pós-moderno se verifica na recusa à essência absoluta das coisas; refere-se à questão da política e da cultura; visualiza os problemas e questões básicas oriundas dos mais diferentes discursos; apresenta-se na forma plural e das múltiplas narrativas; reflete sobre as estruturas mutáveis e instáveis dos países; resgata o papel da cultura como uma política de representação e poder; torna visíveis forças ideológicas; aponta o poder dos meios tecnológicos na formação de um povo; reivindica poder e identidade para os grupos subordinados; produz novas formas de conhecimento. Está claro que não se restringe a isto, mas a uma complexidade de movimentos tais, que influenciam diretamente na organização do discurso e de um novo pensamento.

Nesta trajetória, situa-se o discurso pós-moderno que convive e se materializa no âmbito de um terreno conflituoso, por meio de várias formas discursivas que expressam e representam vários campos do conhecimento e não se limitam a serem definidas e nem mesmo rotuladas de ideias de esquerda, direita ou centro. Isto fica bem claro nos dizeres de Hebdige citado por Giroux (1999, p. 65).

> Se a pós-modernidade significa colocar a Palavra no seu lugar [..] se significa a abertura ao discurso crítico da linha de investigação que era anteriormente proibida, da evidência que era previamente inadmissível para que questões novas e diferentes pudessem ser formuladas, e novas e outras vozes pudessem começar a apresentá-las; se significa a abertura de espaços institucionais e discursivos dentro dos quais podem desenvolver identidades sociais e sexuais mais fluidas e plurais; se significa a erosão das formações triangulares do poder e do conhecimento com o especialista no ápice e as 'massas' na base; se em suma, ela melhora o nosso sentido coletivo e democrático da possibilidade, então, eu, por minha parte, sou um pós-moderno.

A visão de pós-moderno volta-se para o campo discursivo e nele ganha expressão, força e legitimidade, à medida que se dispõe para dar vez e voz a Palavra, não no sentido da ritualização e do doutrinamento, mas na possibilidade do acaso, do descontínuo, da incerteza, isto porque "o novo não está no que é dito, mas no acontecimento de sua volta" (FOUCAULT, 2002, p. 26). Assim, o que se evidencia é a maneira como cada sujeito se posiciona diante desse novo.

A pretensão pós-moderna direciona-se na ação comunicativa, ou seja, o campo da linguagem, que se concretiza na dimensão de um contexto e este, cultural e histórico; o que implica em ressignificar princípios basilares da justiça, liberdade e igualdade, os quais norteiam o compromisso ético e político dos intelectuais com a transformação social e com a construção da vida pública democrática. É neste sentido que se pensa na dimensão da política cultural e isto não acontece hierarquizando ou priorizando áreas ou saberes consolidados, mas a busca pelo sentido e pela significação que respaldam a ação dos homens.

A cultura torna-se um campo a ser contestado por trazer significados que se apresentam em disputa, uma vez que se encontra entrelaçada às relações sociais de poder e desigualdade, as quais se manifestam na esfera pública e neste palco todo tipo representativo de voz precisa ser conhecido, manifestado e, principalmente, ouvido em suas pautas reivindicatórias, mesmo que estejam equivocadas em seus argumentos. O não ouvir soa como intransigência, conservadorismo ou preconceito. Esta legitimidade é advinda dos especialistas de sua comunidade de pertença. Esses "permitirão que você saia dizendo sem ter de se defender mais. A vida boa e a natureza de uma pessoa boa são o que quer que sua comunidade assim arbitrariamente considere" (MORELAND, 2011, p. 115). É por isso que se ouve falar de tantas pautas e bandeiras defendidas, as quais são oriundas de diferentes grupos sociais.

Surge então, a figura do intelectual transformador (o especialista), que provido de criticidade "política", trabalha em prol da liberdade e da democracia, a partir de uma linguagem que relacione conhecimento e poder, o que viabiliza a inserção e a participação ativa de pessoas no movimento da contra-esfera pública democrática, cujo objetivo é a constituição comprometida de possibilidades, quer sejam discursivas como práticas em benefício próprio.

Diante do exposto, percebe-se a existência de um fio condutor que prevê tecer caminhos diversos como vertentes, que ampliam ou não, as inter-relações e ganham vida própria, à medida que constrói e (re)constrói significados, conceitos e teorias que enxergam a realidade e que por sua complexidade admite múltiplas interpretações. Isso indica que não há uma narrativa, mas várias versões da mesma.

Acerca do olhar pós-moderno, Moreland (2011, p. 118) afirma que é ele "a cura que mata o paciente, a estratégia militar que reconhece a derrota antes de dissiparem o primeiro tiro, a ideologia que solapa as próprias declarações de lealdade". Não há segurança e nem mesmo confiança em suas bases, por isso que é muito comum agir em nome de uma prática conhecida por "politicamente correto". É o estar sempre em cima do muro.

A partir da perspectiva pós-moderna são apresentadas diferentes formas de ler e interpretar a realidade. Essas formas não são fixas, mas fluidas. Uma delas advém do pensamento complexo, tendo como autor/criador Edgar Morin.

11.4. O PENSAMENTO COMPLEXO E SUAS BASES

Ao tomar como ponto de reflexão a teoria desenvolvida por Edgar Morin, "pensamento complexo", percebe-se que a intenção ou mesmo a inquietação demonstrada está em romper/superar com a fragmentação, o isolacionismo, a absolutização, a disciplinarização e a forma simplista como é encarada a realidade, que se estabelece em seus movimentos e em suas relações a partir de uma nova postura reflexiva, em que a mesma realidade ganha significados e significantes, à medida que ela é considerada nos emaranhados de ações, interações e retroações, como próprias de um tempo e de um espaço histórico.

Esta apropriação, portanto, deve considerar as próprias mudanças decorrentes tanto do seu campo externo, como interno, uma vez que sofrem interferências, desordens e confrontações que desestabilizam o estabelecido, quando deflagram as suas inconsistências.

Desta forma, o pensamento complexo se insere num contexto desafiador que **agrega a incerteza ao pensamento**, isto porque, não se pode determiná-lo, por meio de fórmulas e leis simples, pois não se contempla uma resposta única capaz de abranger a realidade complexa na qual se está inserido e se vive. Essa questão remete de imediato, à vulnerabilidade do próprio conhecimento dito como verdade única e aponta para a necessidade de intersecção entre dois polos distintos, porém, complementares do pensamento: o empírico e o filosófico.

Entende-se por pensamento complexo um tipo de pensamento capaz de ligar saberes, contextualizar a realidade, trabalhar com a transdisciplinaridade, adotar posturas e métodos complexos que direcionem para a reforma do pensamento. Busca-se ainda a reflexão, o sentido do conhecimento e a relação das partes no todo e o todo nas partes. Trabalha-se com noções antagônicas que não se excluem, mas se complementam.

Nesta direção, o processo é percebido como elemento propiciador de ligação, comunicação, conexão e mediação entre as diferentes dimensões do conhecimento/pensamento. Este processo pode ser configurado de forma mediata ou imediata da realidade. Constrói-se, então, a epistemologia da complexidade, tendo como pressupostos:

1. **Nada está realmente isolado no Universo e tudo está em relação (A ligação de tudo e sua relação).** Isso implica em reconhecer que o todo está nas partes e as partes também estão no todo. Considera-se, porém, que as partes são constituídas de individualidades e singularidades, mas de alguma forma contém o todo.

2. **Busca da explicação por meio do todo constituinte.** Lança-se mão das ideias gerais concernentes à natureza, à sociedade e ao homem.

Exige-se o caráter da historicidade, que oportuniza investigações, acerca dos acontecimentos, das mudanças e do devir. Isto significa romper com a especialização, pois não pode dar conta da complexidade que envolve a realidade ao utilizar o pensamento disjuntivo e redutor, que procura respostas ao separar o objeto de seu contexto e isolá-lo, em relação ao observador. É o pensar fragmentado, compartimentado em conteúdos especializados e selecionados no campo disciplinar.

3. **Apresentar o verdadeiro pensamento que olha de frente e enfrenta as incertezas e a desordem,** ao mesmo tempo em que, considera o fenômeno como um complexo sistema conectado em diferentes âmbitos de conhecimento e auto-organização, numa relação dialógica. Isto coloca em dúvida o paradigma determinista, no qual o conhecimento é como uma máquina mecânica absolutizada e ordenada, detentora das verdades do passado e do futuro, cuja base centra-se na perfeição e nas ideias indivisíveis e imutáveis.

4. **Visão do emergente**, a qual é considerada a qualidade que provém do todo, isto porque, o todo e mais que a soma das partes e menos que a soma das partes. Há a necessidade de contemplar a realidade como uma máquina viva, que traz a capacidade de organizar-se, desenvolver-se, rejuvenescer-se, degradar-se, desorganizar-se, e se auto-organizar-se. O todo estabelece imposições e constrições às partes. Sendo assim, estas não podem ser consideradas como realidades imutáveis, homogêneas e confiáveis. O fator de desestabilização é o inesperado.

5. **Olhar aquele que conhece e constrói o conhecimento**. Isto implica em considerar o sujeito no seu contexto, a partir do conhecimento que constrói de si mesmo e da sua realidade, o que provoca ampliação do seu pensamento para realidades alheias a si mesmo. Nesta direção surge a imaginação, o sonho, o confronto, a criatividade, a criticidade e a reflexividade necessárias tanto para o observador-conceituador de si mesmo, como para o pensamento complexo. Uma vez que não se pode separar o mundo que se conhece das estruturas do conhecimento.

6. **Multidimensionalidade do ser humano**. Esta visão requer que se considere o ser humano em sua totalidade, não como partes específicas e isoladas do seu todo. Não se pode compreender o ser humano

fracionando-o, mas considerando-o como *homo sapiens* e *homo demens*. E nesta relação tomá-lo nos diferentes âmbitos do conhecimento sensível, intelectível, simbólico, mitológico, mágico, subjetivo e objetivo.

7. **Novo posicionamento da política**, pois por seu intermédio pode ser conquistado ou não a liberdade, a igualdade, a fraternidade na vida em sociedade. Isto é possibilitar a ação do cidadão. A questão da política está presente nas diferentes facetas da vida e, por isto, sua abrangência torna-se canal comunicador, legitimador, diferenciador dos rumos a serem perseguidos pelos homens na sociedade. Tem-se como meta ultrapassar a racionalidade que por meio de um sistema lógico, isola os fatos e impede que o real seja verificado. O político mostra o que se quer como real e encobre o que contraria a regra. É preciso romper com este mecanismo, a partir de um ponto de vista metanacional, de ordem planetária e interacional.

8. **Princípio ecológico da ação que é regido pelos apelos sociais.** Esta possibilidade abre espaços para construir estratégias de ação que objetivam a mudança do pensamento, por meio do processo das desconstruções. Surge, então, a arte de atuar com a incerteza, com o improvável e imprevisível. Nesta arte, são pensadas estratégias que venham pensar no conjunto, obtendo assim uma visão panorâmica da própria realidade.

9. **Pensamento local e situado**, que envolve lutas e revolução paradigmática, principalmente, porque as formas de pensamento deterministas estão presentes e entranhadas, devido ao seu caráter de se impor e de resistir às mudanças. Tenta-se trabalhar com o acaso e com as incertezas. Apresenta-se um campo de difícil trajetória, que na visão de Morin ainda é incipiente. A batalha apenas começou.

Não é lançada fora a realidade, nem mesmo o estabelecido, mas a possibilidade de sua transformação, mesmo que esta seja percebida com indiferença, descrédito. Porque um dia, o novo ressurge e causa um "rebuliço" no que era percebido como: incerto, indefinido e improvável.

Nesse momento, a tentativa volta-se para traçar paralelos entre as teorias, no sentido de perceber os pontos conflitantes e que mesmo assim são retomados para repensar o dito "novo". Embora, nomear como "novo" pressupõe a ideia de que foi criado, a partir do nada, mas no contexto desta teoria, até mesmo o nada encontra sua significação para dar completude ao tudo.

11.5. COSMOVISÃO CRISTÃ BÍBLICA E SUAS BASES

A cosmovisão cristã bíblica elege como ponto de partida a perspectiva teorreferente sobre a origem do Cosmos. Ela não compactua com outra possibilidade de existência fora da ação criadora do Criador. Afinal, a constituição do cosmos é ato proveniente da soberania, do cuidado e da vontade do Criador. Assim, Maçaneiro (2011, p. 210) assevera que a cosmovisão cristã,

> [...] vê no Cosmos a morada que o Senhor nos preparou. Todo o Universo é contemplado como uma tenda na qual, Deus, homem, mulher e todas as formas de vida habitam, num contínuo convite à comunhão. [...] No Universo encontramos a Deus, conhecemos a Ele e a nós mesmos, e estabelecemos convivialidade como peregrinos na mesma tenda. Somente inseridos nesse espaço de vida e beleza podemos conhecer o Criador e nos aproximar Dele, chamando-o Amigo!

Na cosmovisão cristã bíblica não deve existir dicotomia entre o espiritual e o secular, antes a vida é concebida de uma forma plena, pois tudo o que o ser humano faz deve refletir a glória de Deus. Isso indica que todos os atos humanos devem ser levados cativos a Deus, ou seja, devem estar debaixo da sua gloriosa e soberana vontade.

No âmbito da cosmovisão cristã bíblica é possível encontrar explicações para as questões elementares da vida; sendo assim, a realidade é compreendida a partir da ótica da revelação bíblica. Sobre isto, Rinaldi Jr (2012, p.10) ressalta que "os atributos do Deus que cremos, e o plano que Ele tem para o homem que criou, afetarão nossa existência e como vamos propagá-la através da educação" (MAÇANEIRO, 2011, p. 210). Isso demonstra o quanto o processo educativo é essencial à formação do ser humano. E evidenciam, também, que os atributos de Deus revelam seu caráter, como um ser pessoal poderoso, bom, santo e que tem o governo sobre a sua criação.

No ato da revelação, Deus mostra ao ser humano que o essencial não é fazer por fazer, mas porque se compreendeu o sentido de este fazer. Isso indica que o fazer não é desprovido de intencionalidade, antes, nele, reside uma razão de ser. É essa razão que impulsiona os seres humanos a compreenderem sua missão a ser efetivada.

Infere-se, então, que a cosmovisão cristã bíblica parte da compreensão de que homens e mulheres, enquanto imagem e semelhança do Criador, têm uma missão e finalidade a serem perseguidas, cujo objetivo volta-se para a transformação dos contextos e das mentalidades, as quais devem espelhar o caráter de Cristo.

> Em Cristo, Deus é glorificado, isso revela que o sentido atribuído à cosmovisão cristã parte do conceito da grandeza de Deus, o que explica a finalidade de homens e mulheres engrandecerem o seu Nome e reconhecerem sua presença na vida (DOMINGUES, 2015, p. 108).

Sire apresenta, em forma de síntese, as pressuposições que fundamentam a cosmovisão cristã, que são:

> 1. Deus é infinito e pessoal (triúno), transcendente e imanente, onisciente, soberano e bom;
>
> 2. Deus criou o cosmo *ex nihilo* para operar com a uniformidade de causa e efeito num sistema aberto;
>
> 3. Os seres humanos são criados à imagem de Deus e assim possuem personalidade, autotranscendência, inteligência, moralidade, senso gregário e criatividade;
>
> 4. Os seres humanos podem conhecer tanto o mundo à sua volta quanto o próprio Deus, porque Deus os proveu com sua capacidade e assumiu um papel ativo na comunicação com eles;
>
> 5. Os seres humanos foram criados bons, mas pela Queda, a imagem de Deus foi desfigurada, embora não completamente arruinada a ponto de não ser possível de restauração; pela obra de Cristo, Deus redimiu a humanidade e começou o processo de restauração das pessoas para bondade, embora qualquer pessoa possa rejeitar essa redenção;
>
> 6. Para cada pessoa, a morte é ou o portão para a vida com Deus e seu povo ou o portão para a separação eterna da única coisa que completaria, em última instância, as aspirações humanas;

7. A ética é transcendente e está baseada no caráter de Deus como bom (santo e amoroso);

8. A história é linear, uma sequência significativa de eventos que convergem para o cumprimento dos propósitos de Deus para a humanidade (SIRE, 2001, p. 30-47).

A síntese apresentada por Sire (2001) sinaliza sobre o conteúdo basilar encontrado no sistema de crenças da cosmovisão cristã. Nele, tem-se alistado os propósitos de Deus concernentes à criação, a forma como seus propósitos foram transgredidos, e o meio de redenção providenciada para que a aliança fosse restaurada.

Moreland (2011, p. 118), sobre a missão que é atribuída a aqueles que foram chamados para ensinar sobre a verdade, ressalta que a responsabilidade precisa ser percebida e aceita não apenas como um meio de transmitir e defender a verdade, mas de defender e transmitir o conhecimento da verdade. Isso indica que a responsabilidade requer que se transmita e se defenda a "noção de que realmente temos conhecimento de verdades espirituais e éticas importantes. Entre outras coisas, isso dá confiança na verdade e no conhecimento para aqueles a quem servimos".

A partir dos pressupostos da cosmovisão cristã bíblica é possível responder as perguntas mais fundamentais da vida: quem sou? Por que estou aqui? Para onde vou? O que é certo ou errado? As respostas às perguntas ajudam o ser humano a encontrar sentido para vida, e não somente isso, elas demonstram que a vida não é fruto do acaso, mas um ato de amor projetado pelo Criador.

As diferentes teorias evidenciam que o ato de conhecer parte de um sistema organizado do pensamento, visto que os argumentos defendidos se centram em bases que dão sustentação ao seu discurso. Algumas das bases defendidas têm natureza lógica, outras negam a lógica, por rejeitar a teoria da correspondência da verdade. Em seu lugar defendem o espaço da subjetividade, como uma possibilidade de criação de diferentes posicionamentos, realidades e verdades municiadas pela linguagem. Se não há linguagem, não há conhecimento, e, portanto, não há que se falar em verdade. Interessante que rejeitam os princípios da lógica, mas os usam para justificar seu ponto de vista.

A partir desta pequena incursão pelo campo das teorias do conhecimento, faz-se necessário identificar os tipos de conhecimento e as suas características, reconhecendo que a síntese apresentada não se esgota nos aspectos abordados, visto que o conhecimento não é limitado e ou restrito a uma classificação.

Chega-se com o estudo desta Unidade temática a metade do Curso, e com certeza já se começa a visualizar a sua aplicabilidade no contexto da pesquisa. Afinal, parte-se do entendimento de que o conhecimento é vivo e dinâmico, não se pode perder isso de vista, pois é isso que lhe assegura movimento direcionado à ação na realidade social. Conhecimento não foi feito para guardar, mas para compartilhar, provocar e inovar em favor da evolução do pensamento e das ideias.

12.
UNIDADE TEMÁTICA 9: RETÓRICA, ARGUMENTAÇÃO E DISCURSO

As temáticas desta Unidade são inquietantes, mas ao mesmo tempo essenciais à ordem do discurso. Elas informam sobre o processo de estruturação e de defesa de ideias. Assim, para iniciar esta Unidade lança-se mão de uma alegoria que tenta apresentar a função essencial que compete à retórica e à argumentação na produção de um discurso. A partir da alegoria é possível identificar as características de cada uma delas e como elas se aplicam nas situações e práticas discursivas.

Apresenta-se, ainda, a classificação dos quatro tipos de discurso que são utilizados em diferentes atos comunicativos, bem como seu meio de credibilidade e sua aplicabilidade. Esses tipos de discurso são explicitados na alegoria, porém só será objeto de discussão o processo de atuação do campo da retórica e da argumentação. Espera-se que o texto alegórico seja esclarecedor dos conceitos envolvidos.

UMA DISPUTA NO ÁGORA[12]

GLEYDS SILVA DOMINGUES

Tudo começou de repente...

- Não creio que isso esteja acontecendo. Quem é você para questionar meus métodos de interpelação? Já não lhe basta ser apenas um conciliador, se é isso mesmo que lhe compete. O que seria da minha capacidade de manter uma posição firme, se em todo momento eu tivesse que fazer alterações de linguagem ao que determino ou falo.

- A situação não é esta, nobre amigo, mas...

- Mas, o quê? Quantas vezes eu tenho que lhe dizer que ordens são necessárias, ou melhor, exercício de autoridade. Sem autoridade há caos.

---

12 Texto elaborado pela Autora para ser utilizado como recurso metodológico à disciplina de Lógica.

- Veja, até o momento, você não me deixa nem expressar minhas pressuposições. Não nego a autoridade, mas nem tudo pode ser resumido à ordem, às vezes se faz necessária a conciliação, a intermediação, isto é, a chegada a um termo que seja bom para todos. Isso é viver de forma democrática.

- Será mesmo que a democracia resulta em encontrar um bom termo para todos? Ou será que a democracia é uma maneira de distribuição de poder? Afinal, em relação ao sistema, o que mais se tem é a disputa pelo poder. Não seria essa a necessidade de se fazer política?

- Bom, a política é a atividade de exercício de poder demandado e com certeza é algo que está entranhado em qualquer forma de governo, alguns mais liberais, outros mais conservadores, outros progressistas... De fato, a política é algo que expressa o modo como a carruagem anda. Como disse o nosso amigo Aristóteles, "o homem é um animal político", isso vem de sua natureza. Mas, este não é ponto da nossa discussão, por isso gostaria de atentar para o caso da nossa disputa.

- Proponho que tecemos este diálogo no Ágora, afinal é um espaço aberto, isento de influências. Cada um de nós poderá expor suas questões; e que o melhor discurso possa ser reconhecido.

- No Ágora! Não precisava disso, mas já que insiste, vamos à disputa. O caso em tela é o seguinte: A Retórica tenta convencer o público por meio da persuasão. Por isso, ela se investe de operadores de ordem que tornam seu discurso impositivo, não há espaços para questionamentos, mas apenas a observância do que lhe foi transmitido. Tanto é assim, que a ação envolvida no discurso (um ato de linguagem) pressupõe ordem direta, associada ao fazer. Por exemplo: Ouvi atentamente, se não obedecerem, as consequências serão inevitáveis. Observem bem, não há espaço para senões.

- O quê? Interrompe a Retórica. Veja bem, Argumento, o seu enunciado! Ele não diz que é para fazer, mas para ouvir e fazer a escolha certa. É um tipo de alerta e não um espaço para senões. O que você queria, que eu dissesse assim: Meu amigo, as consequências poderão vir, caso você não ouça com atenção.

- Sim amigo. É mais parcimonioso. É como se fosse um conselho. E a sonoridade da frase é bem melhor recepcionada, porque não se impõe, mas apenas tenta convencer o outro de uma ação-reação.

- Caro Argumento, imagine se toda forma de comunicação fosse dessa maneira... Imagine numa situação de perigo envolvendo risco de morte e o policial chega para o bandido dizendo assim: meu querido mude sua atitude e se entregue, isso será para o seu bem. Acredito que ele não chegaria ao fim da frase, levaria um "teco[13]". Ou um chefe para seu subordinado: Por que você está fazendo desta maneira? Por favor, já lhe mostrei como é o seu trabalho, gostaria que você não alterasse a forma, ok! Isso demonstra frouxidão, sabe quando o subordinado vai fazer o que ele quer, da maneira que ele quer? "Nunquinha", meu querido.

- Ok Retórica, eu vejo que você está conduzindo minhas razões para o extremo. Concordo com você em reconhecer que em algumas situações a fala precisa ser mais impositiva, mas isso não quer dizer em todas as situações...

(Retórica interrompe)

-Aí Argumento, já está começando a ver pela minha lente. Persuasão é sempre persuasão, não existe meio termo. Ou você assume a postura firme ou fica em cima do muro. Ficar em cima do muro não é o meu estilo.

-Nem o meu, amigo. Assim você me ofende. Falar com brandura e tentar convencer o outro, não significa se eximir de posicionamento, mas ter uma atitude diferente diante da situação e da forma de expressão sobre a mesma. Por exemplo, você não precisa exercer a imposição quando está ensinando algo a alguém, apenas você demonstra, convencendo que essa é a maneira correta. Como você faz isso, demonstrando diferentes possibilidades.

- Para mim, significa ir direto ao ponto. Economiza tempo e trabalho. Diz como se faz e pronto. É muita sutileza. É por isso que o mundo está assim, é muito sentimentalismo. Até parece que mostrar o preto no branco é algo de outro mundo. Claro que não. Veja, a gente até usa da **Poética** de vez em quando. "Vim, vi, venci". Quer atitudes mais diretas que essa? E nada de "mimimi".

-Pode até ser, mas tenho outra visão da Poética. Ela expressa diferentes modos de ver a realidade. Assim, pode ser em forma de imagens, cores, arte, poesia. Falando em poesia, lembro de um trecho de Olavo Bilac que diz: Ora (direis) ouvir estrelas! Perdeste o senso! E eu vos direi, no entanto, que, para ouvi-las, muitas vezes desperto e abro as janelas, pálido de espanto... Observe, começa como uma ideia de algo impossível e se transforma, na medida em que há uma interação poética com o leitor. Isso é fantástico. Não acha?

- O que eu acho é que você é muito romântico e sensível; e isso é ilógico. **Lógico** é algo que pode ser presumido. É uma probabilidade. Qual a proba-

---

13 Uma gíria usada para a ação de levar um tiro.

bilidade de se ouvir estrelas, só em sonho. Sonho é uma abstração, nada tem de concreto. Aquilo que se faz, isso é concreto, porque se pode provar. Isso para mim, apenas constata que você vive de fazer inferências, em que a lógica é tecida a partir do ato em que se fazem relações entre as situações relatadas. É por isso que você pode presumir várias coisas, ou como você mesmo diz: - criar múltiplas possibilidades, que podem negar, afirmar contestar, progredir no discurso etc. Sabe Argumento, sua especificidade não é igual a minha, por isso creio que a gente não chegará a um denominador comum. Mais uma coisa eu sei, apesar do que muitos pensam de mim; e olha não é coisa boa, acredito que tenho um papel fundamental na ordem do discurso. Afinal, o que seria da vontade organizadora daquele que quer emitir uma ordem, se eu não existisse? Como falei, viraria um caos.

- Retórica, agora eu que estou ficando orgulhoso de você. Não é que você está utilizando meus pressupostos para defender uma posição!? Isso demonstra que também sou organizada pela lógica. O que não é a lógica, se não a coerência existente entre os esquemas de estrutura do discurso. E de fato, ela tem em seu interior o que se pode chamar de características como: pertinência; oposição; semelhança, diferença e, ainda, uma escala hierárquica (onde você se situa). A lógica trabalha no âmbito do conceito. O conceito é o que assegura a significação, sem significação não há compreensão sobre o objeto.

- Palavras bonitas, meu amigo Argumento, mas quero ver como isso pode ser traduzido em prática.

- Não são palavras bonitas, porque essa não é minha função no mundo da linguagem. Apenas trago informações sobre o modo como a lógica opera na mente humana. A lógica usa da memória (nela, reserva-se o que é significativo) e da imaginação. A imaginação é o espaço da criatividade, de pensar, fazer e ser diferente. Afinal, quando pensamos, fazemos ou mudamos nossa forma de ver a realidade; significa que formos atingidos pelo discurso, quer seja ele de natureza poética, dialética, lógica e ou retórica. Afinal, o discurso visa a credibilidade de seus argumentos.

- Ok, então para cada nível do discurso existe um meio de credibilidade? Por isso que fico invocado com os demais discursos, pois o meu nível de credibilidade é fazer com que o meu discurso seja atendido, ou em forma de ordem ou em forma de apelo. A transformação da ação é imediata, visto que é possível ver no decurso da ação do fazer ou não fazer; do atender ou não atender etc.

- Já o poético é movido pela magia, pela emoção. A forma de transformação é mais subjetiva e mais difícil de ser constatada; por esse motivo ele encerra várias interpretações, porque atinge o íntimo de cada ouvinte do discurso; e como não existem ouvintes iguais, então.... Sua forma de comunicar é simbólica e, por isso, mais abstrata, diferente de você.

- Eu particularmente, uso o discurso **dialético**, o que quer convencer por meios racionais, não me sujeitando ao que o leitor pensa; isso para mim é irrelevante. A relevância está nas premissas. Interessante que essas premissas fazem parte de um sistema de leitura de mundo, ou seja, a cosmovisão. Por isso que os que aceitam tais premissas se identificam com o discurso e os que as rejeitam combatem e confrontam, porque veem por outra ótica. O nível de credibilidade do discurso dialético necessita de que o ouvinte tenha afinidade com a lógica apresentada no discurso e que se situe num terreno comum do mesmo. Isso é base para a sua efetivação.

- Pera aí, eu também utilizo deste discurso, porém, mesmo que o ouvinte não aceite, ele sofre as consequências, simplesmente porque se negou a seguir o que deveria ser seguido. Para dizer a verdade, amo quando isso ocorre, porque demonstra que eu tenho razão.

- Não seja tão cruel. Afinal, você não obterá unanimidade, sempre haverá discordância, faz parte da vida dos discursos. Parece que vive em outro mundo...

- Se eu vivo em outro mundo não sei, o que eu sei é que eu adoro dar ordens. Adoro ver o efeito que essas ordens fazem na vida dos ouvintes. Adoro ver os olhares e o modo como isso mexe com eles. Simplesmente adoro. É inevitável. Não posso negar minha natureza.

- Ah você. Bom, falta o último discurso. O **analítico**. Você quer que eu explique, ou... Bom, já que você não se manifestou. Este discurso é interessante, porque é parte de uma estrutura bem definida. Como já é de se esperar, inicia numa perspectiva geral para se chegar às partes. Assim, sua intenção é verificar a veracidade da conclusão, a partir da análise das premissas (pressuposições, ideias de que se parte para chegar à conclusão). Para tal, o ouvinte precisa estar ciente da veracidade das premissas, porque se elas forem falsas, já é possível duvidar de antemão do resultado. Isso porque, parte do princípio da não contradição. Esse princípio diz que uma premissa não pode ser verdadeira ou falsa ao mesmo tempo.

- Não queria interromper, mas interrompendo... Ainda é possível ter o princípio da identidade; aquele que diz que se o objeto X é X, então todo objeto idêntico a X será X. Ou seja, na expressão que o ser humano vive em sociedade, isso se torna extensivo ao gênero ser humano. Afinal, isso é constitutivo de sua natureza. Essas considerações se fazem por meio de dois métodos: dedutivo e indutivo.

- Você não tem jeito mesmo. É irreparável; isso sim, é que faz parte de sua natureza. O discurso **analítico** é o mais elaborado, porque envolve raciocínio aprofundado, por esse motivo que o nível de credibilidade ocorre na presença de um público muito especializado, o que já indica que há uma plateia seletiva, ou é possível seu uso, quando se parte de ideias muito gerais para um público geral.

-De fato, não se pode dizer que haja prevalência de um discurso sobre o outro, mas que cada um possui finalidade distinta, conforme a mensagem que se deseja comunicar. Isso implica em pensar que não há como desautorizar um discurso em decorrência de outro. Afinal, cada um se situa no seu quadrado, em razão de sua funcionalidade. O que isso nos indica...

- Lá vem você com as inferências novamente. Bom, terminemos logo com isso. Já se esgotou minha paciência. E pelo visto não haverá uma única direção, embora, penso que o meu posicionamento é de todo o melhor, não dá margem para dúvida. É isso e pronto, mas...

- Mas, estamos em diálogo. Então, é permitido pensar diferente. E ainda bem, é isso que eu chamo de beleza do discurso e da argumentação. Mesmo no pensar diferente é possível convencer o outro a olhar sob uma nova perspectiva. Concorda meu caro?

- *Argh*, nós não vamos começar tudo de novo. Não é mesmo?!

Para trabalhar com o conceito, a finalidade e as características associadas ao campo da Retórica e da Argumentação, faz-se necessário trazer algumas partes da alegoria construída, no sentido de encontrar o sentido atribuído a estes campos no contexto da construção de discursos. Assim, uma primeira aproximação que se pode realizar é que a retórica e a argumentação atuam no âmbito da prática discursiva, a qual se efetiva por meio das relações sociais. E se assim o é, elas formam o texto discursivo em que o dizer, o pensar, o sentir e o agir, em forma impressa, simbólica, oral, escrita e imagética ganham significação.

A prática discursiva é o espaço da interlocução que é mediado por atos de linguagem. Entende-se como prática discursiva o contexto comunicativo em que a mensagem é produzida e significada. Assim, ela está presente nas interações e relações humanas, que a partir do ato da linguagem evidenciam a forma como pensam a realidade, quer seja em forma de diálogos, imagens, artes etc. A prática discursiva é, pois, um ato comunicativo em que transitam as mensagens.

As "Mensagens são expressões de ideias (conteúdos) expressas em formas de códigos na comunicação: símbolos visuais, gestos, acenos, a palavra, a escrita, etc" (BERLO, 1979, p. 168), por isso seu alcance é ilimitado, visto que atinge diferentes grupos sociais a partir dos meios ou ferramentas utilizadas na transmissão de ideias e pensamentos. Apreende-se disso, que a finalidade da mensagem é discorrer sobre uma ideia. Assim, "quem discorre sobre alguma coisa não pode deixar de considerar o nexo que deve haver nas ideias que deseja expressar, isto é, uma certa ordem que ligue umas às outras" (SANTOS, 1955, p. 73).

O ato de discorrer sobre um objeto específico está muito presente no contexto da pesquisa. Isso indica que a prática da pesquisa requer a efetivação de um processo comunicativo de transmissão de uma mensagem. Berlo (1979, p. 18), ao falar sobre o processo comunicativo, ressalta que uma de suas finalidades é a persuasão. A persuasão é uma característica da Retórica, a qual foi evidenciada por Aristóteles ao defini-la como seu objeto de estudo. Este conceito perdurou até o século XVIII.

Com a chegada do campo de estudo centrado na psicologia das faculdades, o ato comunicativo passou a ganhar duas interpretações: a primeira de cunho cognitivo que tinha como proposição o apelo à mente; e a segunda tinha cunho emocional, cuja ênfase recaia na alma, ou seja, na forma como o ser humano desenvolvia as sensações diante da prática comunicativa.

Nos dias atuais, observa-se que o campo da comunicação é considerado como o espaço da linguagem, portanto, está presente nele, o processo de significados e referências construídas por cada grupo social. Esses significados são compartilhados e transmitidos como meios de tecer leituras sobre a realidade. Isso ocorre porque a produção de significados informa sobre a relação estabelecida entre o signo e o que ele significa. Por seu intermédio é possível tecer referências sobre o objeto representado. Sobre isso, Marcondes (2017, p. 27) assevera que "O significado é aquilo que a palavra se refere. Esse é o ponto de partida das chamadas teorias do significado como referência, nas quais a palavra remete a uma coisa na realidade".

A palavra é a unidade de sentido que combinadas com outras palavras originam em uma sentença completa, que expressa uma ideia ou pensamento. Isso remete a concordar com Santos (1955, p. 35), ao dizer que "um dos pontos mais importantes da Retórica é a construção das frases". Afinal, as frases carregam significados que podem ou não tornar a mensagem inteligível. Elas manifestam desejos, frustrações, ordenamentos, provocações e dúvidas.

O certo é perceber que as experiências humanas são produzidas como práticas comunicativas e discursivas. Isso indica que "damos e recebemos ordens, fazemos pedidos, atendemos os pedidos de outros. Aprendemos sobre fatos, como as coisas são feitas, destruídas e modificadas" (BERLO, 1979, p. 21). Assim, é possível perceber que as práticas comunicativas pautam as relações sociais e mais ainda, é a partir delas que

> [...] o homem discursa para abrir a imaginação à imensidade do possível, para tomar alguma resolução prática, para examinar criticamente a base das crenças que fundamentam suas resoluções, ou para explorar as consequências e prolongamentos de juízos já admitidos como absolutamente verdadeiros, construindo com eles o edifício do saber científico (CARVALHO, 2013, p. 31)

É no contexto do discurso que o ser humano defende posicionamentos em relação aos significados produzidos na vida. Então, os posicionamentos são demarcados pela maneira como a leitura de realidade se concretiza, tanto que é possível encontrar diferentes leituras que se tornam identificadoras dos grupos sociais. Diante disso, cabe agora analisar o contexto de atuação da retórica e da argumentação no interior das práticas discursivas.

A Retórica faz parte dos quatro discursos aristotélicos[14] e, ela se impõe a partir da imposição de ideias que se afirmam na ordem direta e imperativa do discurso proferido. Carvalho (2013, p. 30), ao tecer estudos sobre o campo discursivo apresentado por Aristóteles, define a finalidade do discurso retórico sendo aquele que,

---

14 Os discursos aristotélicos apresentados nos estudos de Carvalho (2013) são: poético; retórico; dialético e lógico. Esses discursos visam informar a maneira como podem ser utilizados no ato de influenciar a mente humana, criando graus de credibilidade em relação ao que é comunicado.

[...] tem por objeto o verossímil e por meta a produção de uma crença firme que supõe, para além da mera presunção imaginativa, a anuência da vontade; e o homem influencia a vontade de um outro homem por meio da persuasão, que é uma ação psicológica fundada nas crenças comuns.

Na concepção apresentada por Carvalho (2013), sobre o discurso retórico, podem-se identificar quatro marcas essenciais: a presença do verossímil; a produção de crenças firmes; a influência exercida de um ser humano sobre o outro; e a confluência entre as crenças. Sobre a presença do objeto verossímil compreende-se que o ato discursivo recai sobre o que é provável, ou seja, o que pode ser verdadeiro. E é nessa direção que se constrói a defesa discursiva sobre alguma crença, que precisa também ser acreditada ou se encontrar latente, quer seja em pensamento ou em convicções aceitas pelo interlocutor. Essas peculiaridades podem ser identificadas nos seguintes trechos da alegoria "Uma Disputa no Ágora":

> O que seria da minha capacidade de manter uma posição firme, se em todo momento eu tivesse que fazer alterações de linguagem ao que determino ou falo.
>
> Quantas vezes eu tenho que lhe dizer que ordens são necessárias, ou melhor, exercício de autoridade. Sem autoridade há caos.
>
> A Retórica tenta convencer o público por meio da persuasão. Por isso, ela se investe de operadores de ordem que tornam seu discurso impositivo, não há espaços para questionamentos, mas apenas a observância do que lhe foi transmitido. Tanto é assim, que a ação envolvida no discurso (um ato de linguagem) pressupõe ordem direta, associada ao fazer.
>
> Persuasão é sempre persuasão, não existe meio termo. Ou você assume a postura firme ou fica em cima do muro. Ficar em cima do muro não é o meu estilo.

Diante dos fragmentos apresentados, concorda-se com Carvalho (2013, p. 78), ao afirmar que o discurso retórico "visa, essencialmente, a persuadir alguém a fazer ou a deixar de fazer alguma coisa: aprovar ou rejeitar uma lei, mover a guerra ou estabelecer a paz, eleger ou derrubar um governante [...]".

A partir do discurso retórico visualiza-se um comando de voz que irá incidir no comportamento do ouvinte. Assim, sua natureza é ordenativa e apelativa e incide em uma ação a ser expressa diante do comando proferido.

Em contraposição ao discurso retórico, o argumento encaminha-se para outra direção. Essa direção é do anúncio da mensagem em prol do convencimento dos interlocutores acerca da enunciação efetivada. "Ao apresentar um argumento, apresentamos certas razões, dispostas em sentenças, para derivar uma conclusão enunciada" (GEACH, 2013, p. 28). Observa-se esta função nos trechos selecionados da alegoria "Uma Disputa no Ágora":

> Veja, até o momento, você não me deixa nem expressar minhas pressuposições. Não nego a autoridade, mas nem tudo pode ser resumido à ordem, às vezes se faz necessária a conciliação, a intermediação, isto é, a chegada a um termo que seja bom para todos. Isso é viver de forma democrática.
>
> Sim amigo. É mais parcimonioso. É como se fosse um conselho. E a sonoridade da frase é bem melhor recepcionada, porque não se impõe, mas apenas tenta convencer o outro de uma ação-reação.
>
> Falar com brandura e tentar convencer o outro não significa se eximir de posicionamento, mas ter uma atitude diferente diante da situação e da forma de expressão sobre a mesma. Por exemplo, você não precisa exercer a imposição quando está ensinando algo a alguém, apenas você demonstra, convencendo que essa é a maneira correta. Como você faz isso, demonstrando diferentes possibilidades.

O argumento implica na prática da inferência e da lógica, que demandam na formação do pensamento. A formação do pensamento origina-se na construção do raciocínio que nada mais é do que o encadeamento lógico em que se estrutura uma ideia. Esse encadeamento pode ser constituído pela via da dedução ou da indução. A dedução é um processo que parte de uma premissa geral que será particularizada. Já a indução caminha em sentido contrário, pois parte de uma premissa específica em direção a uma conclusão universal ou geral.

Dito isto, infere-se que é a partir do argumento que se pode desenvolver uma linha de raciocínio. Esta linha de raciocínio implica na defesa ou não de uma ideia. Por seu intermédio é possível estabelecer inferências e analogias sobre o objeto referenciado. Inferência é definida como "a operação pela qual se admite como correta uma proposição em virtude de sua ligação com outras proposições consideradas verdadeiras" (FIORIN, 2018, p. 31).

Com relação à analogia pode-se dizer que se situa no campo do provável. Isso revela o grau de probabilidade de que o fato se concretize, quer seja pela relevância, generalização e semelhança. Assim, a analogia, enquanto raciocínio, tecerá conclusões quando "a) os elementos semelhantes forem verdadeiros e relevantes; b) a quantidade dos elementos semelhantes for expressiva; e c) as diferenças forem acentuadas" (FIORIN, 2018, p. 64).

Ainda é preciso reconhecer que "os argumentos não são enunciados e não podem ser verdadeiros ou falsos, mas as premissas de um argumento podem ser colocadas em questão" (GEACH, 2013, p. 29). Por conta disso, e que a construção do argumento requer a utilização do raciocínio lógico, o qual pautará a validade ou não das premissas defendidas.

No processo de argumentação, ainda, é preciso considerar três fatores, a saber: o enunciador; o auditório; e o discurso. Estes fatores pressupõem a figura daquele que fala, daquele que ouve e a finalidade da fala, ou seja, o assunto em evidência. Por esse motivo, que o discurso se torna o ponto de ligação entre o orador e o auditório.

O enunciador é um sujeito social, provido de intenções, gostos, saberes e identidade. Por isso, ao pronunciar um discurso, o enunciador diz de si mesmo. Ele torna público seu modo de ler a realidade e ao fazer isso há um desvelamento sobre este sujeito. No ato de desvelar, o enunciador pode transmitir segurança, honestidade e transparência para aqueles que se posicionam como seu auditório.

O auditório é a razão de ser da enunciação, desta feita cabe ao enunciador conhecer seu auditório, ou seja, estabelecer conexões com o mesmo, na medida em que fala com autoridade e conhecimento de causa. O enunciador aproxima-se do auditório quando fala a ele e não distanciado dele.

O auditório é algo particularizado, visto que tem seu jeito de ser e de ler a realidade. Não há como falar uniformemente para públicos distintos, antes é preciso adequar o discurso, a fim de que a mensagem alcance seu objetivo. Isso ocorre, porque o ato de comunicar significa "agir sobre o outro e, por conseguinte, não é só levá-lo a receber e compreender mensagens, mas é fazê-lo aceitar o que é transmitido, crer naquilo que se diz, fazer aquilo que se propõe" (FIORIN, 2018, p. 76).

O propósito da enunciação é possibilitar a construção de pontes entre o enunciador e o auditório. A construção de pontes só se torna possível se o discurso produz sentido à vida, ou seja, se ele de fato corresponde e responde de uma maneira significativa às questões apresentadas. É por este motivo que o processo argumentativo trabalha na produção de argumentos possíveis, plausíveis e prováveis. Dito de outra forma, "a argumentação e uma atividade estruturante do discurso, pois é ela que marca as possibilidades de sua construção e lhe assegura a continuidade" (KOCH, 2011, p. 154).

Neste sentido, infere-se que "a argumentação opera com o preferível, isto é, com juízos de valor, em que alguma coisa é considerada superior a outra, melhor do que a outra, etc" (FIORIN, 2018, p. 77). Assim, há no interior deste processo a eleição de um discurso de convencimento do auditório, o qual não ocorre pela via da coerção, mas da proposição em forma de inferência e analogia. Sobre isso, Fiorin (2018, p. 77) pondera que:

> Na argumentação, não se opera com o verdadeiro e o falso, mas com o verossímil, com aquilo que não é evidente por si. O verossímil é o que parece verdadeiro, em virtude de um acordo numa dada formação social numa determinada época. O verossímil e inerente ao objeto do discurso argumentativo, pois nas questões éticas, jurídicas, econômicas, filosóficas, políticas, pedagógicas, religiosas, etc. não há o verdadeiro e o falso, mas trabalha-se com o mais ou menos verossímil.

Ainda sobre o ato argumentativo é preciso ressaltar que é ele que confere vida à prática discursiva, por meio dos processos interlocutórios construídos em um determinado tempo e espaço e que irão dar destaque ao campo das ideias. Assim, o ato argumentativo se expressa quer seja por meio da oralidade, quer seja por meio da escrita. Porém, faz-se necessário ressaltar que há um distanciamento sensível entre o campo da oralidade e da escrita, isso ocorre porque,

> Quando falamos, quando conversamos, usamos palavras, sinais que traduzem nossos pensamentos. Quando escrevemos é com palavras escritas que traduzimos os pensamentos. Ora, ao falar nem sempre somos cuidadosos nas expressões. A linguagem falada é geralmente descuidada, e tais descuidos refletem-se na escrita. Essa falta de cuidado traz como consequência a má pronúncia e o estilo cheio de erros e de defeitos (SANTOS, 1955, p. 72).

No que se refere à construção de textos, o distanciamento produzido entre oralidade e escrita seja talvez um dos problemas que precisam ser resolvidos. Afinal, o ato de redigir um texto precisa buscar exatidão, simplicidade e sentido. Com relação à exatidão no texto, compete dizer que ela funciona como uma prova, que pode ser confrontada ou verificada por qualquer pessoa.

O comunicador/enunciador precisa trabalhar com as ideias, para que se alcance a habilidade da exatidão e do sentido na construção de textos ou seja, a forma de expor os argumentos sem que se caia em falácia. A falácia induz ao erro e pode ser prejudicial ao processo de construção do conhecimento, porque implica em apresentar conclusões falsas, assim como uma linha de raciocínio que distorce a verdade das premissas defendidas. É por este motivo, que o enunciador precisa conhecer com profundidade o objeto em discussão, para que de fato o texto possa traduzir uma relação verdadeira entre premissas e conclusão.

Por fim, ressalta-se que a linha argumentativa desenvolvida pelo enunciador, parte de uma intenção eleita, por isso que não se pode falar em textos neutros e imparciais. Por esse motivo, o uso da linguagem não se configura apenas como ato de comunicação, mas como um processo que produz diferentes significados a partir do modo como esse processo é apreendido pelo auditório. A partir da linha argumentativa é que o discurso é estruturado, assim cabe ao enunciador conectar-se com o auditório, ou seja, ele precisa atingir não apenas a mente, mas o seu coração.

Uma das formas de conexão pode ser encontrada na estrutura de um parágrafo. O parágrafo é considerado um item essencial para a compreensão do texto, isso porque, o "parágrafo é um conjunto de frases (sentenças) que, unidas harmoniosamente, descrevem a ideia do escritor" (AQUINO, 2010, p. 20).

A partir do uso da Retórica e da Argumentação, o enunciador informa sobre um fato, porém o processo de construção comunicativo precisa considerar elementos necessários no ato de dizer a palavra. Esses elementos são chamados de operadores argumentativos, cuja função é conduzir o auditório no tocante à interpretação e compreensão da mensagem. Esses operadores argumentativos produzem a coerência interna entre os parágrafos e a coesão entre as ideias contidas.

Koche et al (2014, p. 103) explicam que os operadores argumentativos "servem para orientar a sequência do discurso, ou seja para determinar os encadeamentos possíveis com outros enunciados capazes de continuá-lo". Exemplos de operadores argumentativos se encontram presentes no quadro abaixo. A finalidade é torná-los conhecidos ao pesquisador, uma vez que no processo de construção de ideias, ele possa lançar mão dos mesmos na transmissão ou composição de uma mensagem.

OPERADORES ARGUMENTATIVOS		
ADIÇÃO	Somam argumentos a favor de uma mesma conclusão.	(e, também, ainda, nem etc.)
FINALIDADE	Indicam uma relação de finalidade.	(a fim de, a fim de que, com o intuito de, para, para que, com o objetivo de etc.)
CAUSA E CONSEQUÊNCIA	Iniciam uma oração subordinada denotadora de causa.	(porque, pois, visto que, já que, em virtude de, uma vez que, devido a, por motivo de, graças a, em razão de, em decorrência de, por causa de, como, por isso que etc.)
EXPLICAÇÃO	Introduzem uma justificativa ou explicação relativa ao enunciado anterior.	(porque, pois, já que etc.)

OPOSIÇÃO	Contrapõem argumentos voltados para conclusões contrárias.	(mas, porém, contudo, todavia, entretanto, no entanto, muito embora, apesar de, não obstante, ao contrário etc.)
CONDIÇÃO	Indicam uma hipótese ou uma condição necessária para a realização ou não de um fato.	(caso, se, contanto que, a não ser que, a menos que, desde que etc.)
TEMPO	Indicam uma circunstância de tempo.	(quando, em pouco tempo, em muito tempo, logo que, assim que, antes que, depois que, sempre que etc.)
PROPORÇÃO	Iniciam uma oração que se refere a um fato realizado ou para realizar-se simultaneamente outro.	(à medida que, à proporção que, ao passo que, tanto quanto, tanto mais etc.)
CONFORMIDADE	Exprimem uma ideia de conformidade ou acordo em relação a um fato expresso na oração principal.	(conforme, para, segundo, de acordo com, como etc.)
CONCLUSÃO	Introduzem uma conclusão relacionada a argumentos apresentados anteriormente.	(portanto, então, assim, logo, por isso, por conseguinte, pois −posposto ao verbo -, de modo que, em vista disso etc.)
ALTERNÂNCIA	Introduzem argumentos alternativos, levando a conclusões opostas ou diferentes.	(ou, ou...ou, ou então, quer...quer, seja...seja, tão [tanto, tal] ... quanto, assim como etc.)

COMPARAÇÃO	Estabelecem relações de comparação entre elementos.	(como, mais ...[do] que, menos que, tão [tanto] ...como, tão [tanto, tal] ...quanto, assim como etc.)
ESCLARECIMENTO	Introduzem um enunciado que esclarece o anterior.	(ou seja, quer dizer, isto é, vale dizer etc.)
INCLUSÃO	Assinalam o argumento mais forte, orientando no sentido de uma determinada conclusão.	(até mesmo, até, mesmo, inclusive, também etc.)
EXCLUSÃO	Indicam uma relação de exclusão entre duas orações.	(somente, só, apenas, senão etc.)

Quadro extraído de parte do trabalho apresentado por Köche et al (2014, p. 103-105)

A partir do conteúdo explicitado no quadro (operadores argumentativos) conclui-se que os operadores argumentativos servem tanto como conectores de ideias, quanto como provocadores ou expositores de uma mensagem proferida. Um texto em que os operadores argumentativos são empregados corretamente, pode-se dizer que eles favorecem a interpretação e a compreensão do conteúdo desenvolvido por seu autor. De fato, há uma conexão estabelecida entre autor, texto e leitor.

Chegou o momento de praticar sobre o conteúdo desenvolvido, por isso pesquise nas Escrituras Sagradas ou em livros ou periódicos, textos que apresentem exemplos claros da utilização dos operadores argumentativos, observando sua finalidade e funcionalidade no desenvolvimento de ideias e construção dos argumentos efetivados.

13.
UNIDADE TEMÁTICA 10: REDAÇÃO CIENTÍFICA E TRABALHO CIENTÍFICO

A finalidade desta Unidade de estudo é apontar a relevância da redação e do trabalho científico, na medida em que se abordam os aspectos intrínsecos à produção de textos. Isso indica que essa produção precisa observar certos critérios no ato da composição e publicidade da investigação efetivada. Assim, a pergunta que se intenciona responder parte da seguinte questão: que critérios precisam ser observados no processo de redação científica? E, ainda, será que existe uma direção a ser seguida quanto ao ato de produção de um texto científico? Uma coisa é certa, "a redação deve ter a essência, a transmissão de conhecimento e não a pretensão de forçar o leitor a aceitar o que foi redigido" (FACHIN, 2005, p. 188). Nisso reside a beleza do texto, ele é democrático.

Antes, porém, de apresentar os critérios e as linhas diretivas, faz-se necessário apontar o conceito atribuído a trabalho científico, visto que a partir do conceito já se torna possível identificar os aspectos indispensáveis a sua efetivação. Assim, trabalho científico,

> [...] refere-se à análise dissertativa ou narrativa das peculiaridades de um objeto ou sujeito em processo de estudo, envolvendo sempre uma temática, a descrição metodológica de investigação, sua área de conhecimento e referencial teórico-científico (LEHFELD, 2007, p. 89).

A partir do conceito é possível afirmar que o trabalho científico não se confunde com trabalho artístico, literário, histórico. Sua especificidade está na busca por uma resposta a um problema levantado. Tanto é assim, que ele necessita dos seguintes elementos: temática, metodologia, referenciais e associação com uma área de conhecimento; portanto, o trabalho científico tem um espectro mais abrangente, no que diz respeito ao alcance; e uma limitação, no que diz respeito ao objeto investigado. Isso significa que, uma temática pode ser contemplada por diferentes áreas do conhecimento, porém, ela não será investigada visando o seu esgotamento, porque isso é inviável, por isso que a temática sofrerá limitação, ou seja, restrição quanto ao seu objeto.

O trabalho científico informa sobre o objeto investigado, ao mesmo tempo em que afasta do objeto especulações que não passaram pelo crivo do estudo científico. Isso indica que ao se falar de um objeto, faz-se necessário coletar dados e informações oriundas também de fontes seguras, contidas em outros trabalhos científicos. Diante disso, elencam-se as observações que precisam ser consideradas no contexto de um trabalho científico.

No que diz respeito às linhas diretivas, a **primeira observação** a ser realizada é de que o trabalho científico não se limita apenas ao processo de pesquisa, mas de apuração e confirmação dos dados levantados. Isso indica que é uma ação que se situa entre a confirmação e a refutação de ideias, por isso que é preciso buscar a veracidade, a fim de que não se propague uma ideia ou conhecimento que não tenha grau de veracidade no contexto social.

A **segunda observação** diz respeito ao processo da redação de textos, que não diz respeito à escrita livre sobre um tema, antes é preciso buscar fontes seguras e confiáveis sobre a temática investigada. Afinal, não se faz uma dissertação firmada em opiniões ou no senso comum. É preciso atentar para a legitimidade dos dados. Isso não quer dizer que não haja espaço para confrontação, muito pelo contrário, mas que até para comprovar é preciso lançar mão de argumentos válidos e consolidados pela área do conhecimento.

A **terceira observação** é de que o trabalho científico implica em revisões constantes sobre as ideias apresentadas, a fim de que as mesmas sejam contextualizadas, ou seja, não se podem utilizar teorias que já foram rejeitadas ou suprimidas. O conhecimento se renova e por isso não pode ser cristalizado.

A **quarta observação** revela que o trabalho científico requer aplicabilidade e utilidade para a sociedade, pois tem função social, ou seja, sua natureza é contributiva. Por isso ao efetivar um trabalho científico, faz-se necessário perguntar: até que ponto este trabalho científico contribui com a ampliação de novas pesquisas? De que maneira este trabalho científico possibilita novas leituras neste campo do conhecimento? Assim, é preciso afirmar que:

> O estudo científico ao discutir ideias e fatos relevantes relacionados a um determinado tema deve partir de um marco teórico bem fundamentado e de alguma utilidade social e política, seja para a ciência ou para a sociedade em geral. É nesse sentido, que um fato se transforma em fenômeno temático, podendo ser estudado sobre diferentes áreas do saber científico (LEHFELD, 2007, p. 89).

Essa percepção demonstra que o trabalho científico exige e requer rigor teórico-metodológico, não sendo cabível realizá-lo de uma forma descomprometida, em relação à resposta que se busca por meio da investigação e estudo.

A **quinta observação** informa sobre a forma da linguagem aceita na composição da escrita direcionada aos trabalhos científicos. Essa escrita é **impessoal, direta e precisa**. Isso demonstra que a redação científica não recai sobre os sentimentos e as percepções individuais, mas em razões fundamentadas em fontes seguras. Quanto à linguagem é preciso dizer que ela não pode ser coloquial, portanto é culta, apoiada nas regras formais da língua portuguesa. Assim, não se usa no processo de produção de textos, pronomes em primeira pessoa, quer seja singular ou plural, nem expressões generalistas ou indefinidas, como: sempre; ninguém; todas; alguém; nunca etc. Acerca da redação científica, Matias-Pereira (2012, p. 63-64) diz que é preciso ter os seguintes cuidados:

> Evitar períodos longos, variando a extensão das frases;
>
> Evitar períodos excessivamente reduzidos que prejudiquem a apresentação da ideia;
>
> Evitar parágrafos com apenas uma frase;
>
> Usar tom impessoal na redação. Não utilizar a primeira pessoa do singular;
>
> Eliminar termos ou palavras supérfluas, adjetivações redundantes;
>
> Utilizar verbos ativos, em vez de passivos;
>
> Definir com precisão os termos, palavras-chave, conceitos e teorias;
>
> Abster-se do uso de aumentativos, superlativos e diminutivos;
>
> Controlar as frases de efeito ou uso de modismos verbais;

Preocupar-se com generalizações inconsistentes;

Resistir ao subjetivismo e à opinião pessoal;

Dar importância à revisão do trabalho.

Ainda, no caso de pesquisas na área da Teologia é preciso fidelidade ao texto bíblico, não atribuindo significados ou interpretações pessoais, sem que haja uma boa análise exegética e hermenêutica. A ausência da análise pode trazer consequências desastrosas ao trabalho apresentado. Por este motivo, que a fidelidade com o dado encontrado, demonstrará acuidade do pesquisador para com o texto produzido.

A **sexta observação** diz respeito às normas a serem seguidas na composição de um trabalho científico. Essas normas objetivam auxiliar o pesquisador no ato de construção de textos. Geralmente, as normas são criadas pela Instituição de Ensino, que as submete para os que a ela estão vinculados, a fim de que haja uma padronização quanto à forma de redação e apresentação dos trabalhos. As normas são imperativas, isso indica que precisam ser seguidas, pois independe da vontade do pesquisador.

O trabalho científico prima pelos seguintes aspectos: forma; coerência; originalidade; coesão; consistência; clareza; veracidade; e responsabilidade. Sobre isso, Castro (2011, p. 115) ressalta que o pesquisador precisa redigir atento às seguintes recomendações:

> Diga o que se propõe a dizer, não fique apenas em uma aproximação. Use a palavra precisa, e não uma aparentada com ela. Livre-se do palavratório supérfluo. Não omita os detalhes necessários. Evite o descuido da forma. Use corretamente a gramática. Empregue um estilo simples e direto.

Isto indica que um bom texto precisa ser construído a partir da observância quanto aos aspectos e às recomendações para escrita do texto. Afinal, eles se constituem nos elementos que serão avaliados no processo de submissão de um trabalho científico. Por esse motivo, Salvador (1986, p. 196) alerta sobre os seguintes cuidados no processo da redação do texto.

> a) Encadeamento e hierarquização das orações, por meio da organização e subordinação;
>
> b) Organização do período em orações principais e orações secundárias. A disposição das ideias principais e secundárias deve ser expressiva e ordenada.

c) Indicação correta das circunstâncias acidentais e dos pormenores, com o objetivo de completar e ilustrar o pensamento;

d) Preocupação com qualidades essenciais da frase, isto é, unidade, coerência e ênfase, bem como o processo para conseguir esses três itens.

Ressalta-se, ainda, que o processo de redação se inicia no momento em que se tem uma problemática advinda da realidade. Essa problemática parte de uma inquietação para a qual se deseja apresentar possíveis respostas ou caminhos. Em seguida, desenham-se os passos a serem trilhados para se chegar às respostas. Esses passos dizem respeito à metodologia científica a ser utilizada: pesquisa bibliográfica; pesquisa de campo; pesquisa exploratória; pesquisa descritiva. Por fim, faz-se um esboço do que será abordado, a partir da eleição de fontes seguras. Fontes que tanto podem confirmar, confrontar, como refutar o problema.

Cabe ao pesquisador a escolha da fonte a ser assumida, porém, é preciso evidenciar o seu posicionamento com base nos argumentos levantados. No campo do trabalho científico não há espaço para a isenção, antes é preciso marcar o posicionamento defendido. Para tal, o pesquisador precisa dominar o assunto, fazer um esboço sobre os tópicos a serem desenvolvidos, selecionar fontes convergentes e divergentes, escolher a metodologia e usar a criatividade na abordagem e na definição dos títulos primários e secundários.

A partir das observações é preciso atentar, ainda, para o conhecimento das partes constitutivas da pesquisa, que se dividem em três: elementos pré-textuais, textuais e elementos pós-textuais. Na primeira parte (pré--textuais), o pesquisador insere no seu trabalho a capa, a contracapa, as listas, resumo, *abstract*, e o sumário. Existem, ainda, os itens opcionais que são: epígrafe; dedicatória; e agradecimentos.

Cabe ressaltar que o projeto de pesquisa não traz como parte constitutiva as listas, o resumo, o *abstract*, e nem mesmo os itens opcionais, visto que esses só são inseridos no corpo de trabalhos finais e não em andamento.

Os elementos textuais podem ser assim considerados: introdução; desenvolvimento e considerações finais. Cada um desses elementos sinaliza para a produção científica em forma de redação. Por isso, eles precisam ser desenvolvidos com seriedade e responsabilidade, visto que no interior da produção efetivada são apresentados argumentos que necessitam ser legítimos e válidos para que possam ser considerados.

Já os elementos pós-textuais apresentam como itens as referências, e como partes opcionais glossário[15], apêndice[16] e anexo[17]. Isso indica que somente as referências são consideradas como um item obrigatório. As referências precisam seguir a ordem alfabética dos sobrenomes dos autores e ainda utilizar o negrito para dar destaque à obra, enquanto fonte selecionada.

Com relação ao estilo de produção de textos, o pesquisador precisa manter uma redação que de fato comunique a mensagem objetivada. Por este motivo, o texto precisa conter elementos que atestem para a impessoalidade, objetividade, simplicidade, concisão, além da precisão, coerência e clareza (GIL, 2010, 172-173). Esses elementos objetivam ajudar o pesquisador a manter uma redação clara e envolvente, visto que remetem à necessidade de trazer à memória que o texto é direcionado a um outro, por esse motivo precisa ser inteligível e, acima de tudo, esclarecedor e significativo. Assim, a impessoalidade demarca que não se escreve para si, por isso que não há como fazer uso do pronome pessoal "eu" ou "nós". Antes, utiliza-se o pronome impessoal, que se mantém dirigido tanto aquele que escreve, como aquele que lê o texto.

A objetividade requer uma linguagem direta, coerente e coesa. Ou seja, o texto precisa ser claro, sem prolixidade, comunicando a mensagem a partir da utilização do discurso direto. Discurso direto é aquele que demanda a presença do sujeito mais complemento.

O texto objetivo resulta, ainda, na precisão, concisão e simplicidade. Isso indica que os elementos apresentados por Gil (2010), não ocorrem de maneira isolada e independente, antes eles funcionam em sintonia, cuja finalidade é trazer harmonia e unidade ao texto desenvolvido. Assim,

---

15 O glossário visa apresentar o sentido de palavras e expressões técnicas, que podem ajudar na elucidação e compreensão, porém não é muito comum o seu uso em teses, dissertações e artigos científicos.

16 O apêndice aparece no final do trabalho e tem como objetivo apresentar **um documento que foi produzido pelo pesquisador**. Esse documento tem natureza complementar e pode servir como ajuda na compreensão de conceitos, teorias, caminhos metodológicos etc.

17 O anexo aparece ao final do trabalho e tem por finalidade apresentar **um documento, não elaborado pelo pesquisador**, com fins de esclarecer, ilustrar ou complementar o argumento.

o processo de construção do texto é essencial para a composição e comunicação da mensagem.

Ainda, no campo da redação científica é preciso observar algumas normas. Essas normas buscam oferecer um padrão ao processo de construção de textos. Ao fugir do padrão estabelecido, o pesquisador pode ter um trabalho rejeitado, portanto, é muito importante atentar para as normas que subsidiam o ato da escrita científica. Nesse sentido, o pesquisador precisa ler as normas para conhecê-las, isso evitará erros e desvios do que é considerado aceitável cientificamente. Diante disso, salienta-se que a redação científica

> [...] é uma fase de extrema importância. É o momento da montagem do texto escrito a partir das informações obtidas, organizadas segundo os objetivos do projeto. Redigir consiste essencialmente em escrever um texto pensado, já produzido ao redor de um objetivo, enriquecendo-o com detalhes anotados. É aqui que os objetivos do pesquisador se transformam em capítulos ou partes para um leitor (SANTOS, 2007, p. 118-119).

De uma forma geral, espera-se que o pesquisador observe não apenas o processo de produção do texto nas normas da língua portuguesa, mas, sobretudo, as normas científicas quanto à formatação da página, ao tamanho da letra e do tipo de letra adotado, às normas de citação e construção das referências, entre outras exigências.

Um trabalho científico para ser aprovado precisa ser construído, aplicando fielmente as normas científicas. As normas científicas são indicadoras da relação forma e conteúdo a ser atingida pelo texto. Afinal, "o conteúdo escrito do seu texto será texto pensado enriquecido pelos detalhes anotados" (SANTOS, 2007, p. 118).

Cabe enfatizar que o processo da redação científica varia conforme o tipo de trabalho a ser produzido, portanto, cabe ao pesquisador consultar a norma padrão desenvolvida para formatar o seu texto. Isso envolve cuidado com sua produção, o que assegura a preservação do estilo e da apresentação estética da mesma. Isso porque, o ato de escrever é uma arte e nesse sentido precisa levar em consideração os aspectos lógicos, gramaticais, estéticos que formam a composição de um texto.

Com relação aos aspectos lógicos faz-se necessário endossar que o ato de composição do texto indica que "o discurso científico é fundamentalmente raciocínio, ou seja, um encadeamento de juízos feito de acordo com certas leis lógicas que presidem a toda atividade do pensamento humano" (SEVERINO, 2002, p. 191). E se assim o é, não há como conjecturar sobre um fenômeno, antes, é necessário fundamentá-lo, ou seja, constituí-lo a partir de bases teórico-práticas já consolidadas.

Por fim, é preciso esclarecer que o texto pensado ao tomar corpo vem municiado de ideias primárias e secundárias. As ideias primárias são aquelas que apresentam os argumentos a serem defendidos. Elas são lógicas e completas. Já as ideias secundárias são tecidas para explicar, exemplificar, detalhar, esclarecer, refutar, conformar, visto que complementam ou ampliam as ideias primárias. Assim, "não se deve perder de vista que um parágrafo se compõe de uma ideia principal, cujo sentido pode ser melhorado por ideias secundárias" (SANTOS, 2007, p. 120).

Conclui-se que o texto científico tem uma norma que o diferencia de outros textos (literários, históricos, jornalísticos). Essa norma irá pautar o processo de construção dos argumentos, por meio da redação científica, a qual se expressa por intermédio de ideias primárias e secundárias. Na complementaridade dessas ideias é que se pode transmitir uma mensagem com teor lógico e significativo, cuja finalidade é a disseminação de um conhecimento - fruto de uma investigação. Santos (2007, p. 120) assevera que:

> Resumindo, a redação inicia-se pela seleção das ideias/informações; segue-se a organização de blocos de ideias; faz-se a hierarquização de ideias, de acordo com sua importância. Agora as informações, escolhidas e sequenciadas, estão prontas para serem redigidas.

Diante disso, compete ao pesquisador conhecer a forma de construção a ser aplicada ao trabalho científico, assim como o processo de redação adotado. Afinal, "a linguagem e a comunicação na pesquisa cientifica são objetivas. Não se pode colocar termos subjetivos, nem prosa e nem poesia" (AQUINO, 2010, p. 20). Para atingir este objetivo, as Unidades Temáticas que se seguem perseguirão este alvo, porém, antes de iniciá-las, faça uma revisão dos conceitos com o intuito de verificação da sua aprendizagem.

14.
UNIDADE TEMÁTICA 11: A CONSTRUÇÃO DO PROJETO DE PESQUISA E SEUS ELEMENTOS CONSTITUTIVOS

Esta Unidade temática tem como proposta evidenciar a importância a ser atribuída ao projeto de pesquisa, sendo ele uma ferramenta propositiva para o desenvolvimento do processo de investigação, visto que auxilia o pesquisador a delimitar o objeto e a manter o foco sobre o mesmo.

A pergunta norteadora desta Unidade Temática expressa a seguinte inquietação: por que o ato de pesquisar requer a estruturação por meio de um projeto? Será viável pesquisar sem que se tenha um problema evidenciado? O que é objeto de pesquisa?

O projeto de pesquisa pode ser considerado como um desenho do percurso a ser percorrido pelo investigador. Ele projeta o que se deseja alcançar com a pesquisa, indicando a relevância do estudo sobre o objeto eleito. A partir da construção do projeto de pesquisa é possível ter uma ideia sobre a sua viabilidade, importância e aplicabilidade no contexto social.

A construção do projeto de pesquisa requer, ainda, que os passos a serem trilhados sejam definidos de forma clara, direta e com rigor teórico-metodológico, visto que a intenção da pesquisa, ou seja, sua relevância precisa ser reconhecida e atestada, pois é isso que possibilitará a aceitação ou não do objeto de pesquisa proposto.

O ato de construção do projeto de pesquisa é determinante para dar início à investigação, a sua ausência impossibilita o andamento da investigação sobre o objeto eleito, visto que não se consegue encontrar a finalidade e nem mesmo o objetivo para tal ação. Isso indica que o ato de pesquisa "desenvolve-se ao longo de um processo que envolve inúmeras fases, desde a adequada formulação do problema até a satisfatória apresentação dos resultados" (GIL, 2010, p. 1).

Diante disto, faz-se necessário elencar os elementos constitutivos do projeto de pesquisa. Esses elementos precisam ser observados pelo pesquisador em três momentos: o ato de planejamento; a construção do projeto; e a execução das etapas previstas. Ressalta-se que não existe uma norma padrão sobre os elementos que precisam constar na estrutura do projeto. Há, porém, uma sinalização de que se o projeto de pesquisa não contiver objetivos, problema e metodologia, ele se torna inviável.

Assim, o ato de planejar e construir o projeto de pesquisa precisa visar os objetivos da pesquisa, o problema norteador, a justificativa, a eleição da metodologia e o cronograma. Ainda podem ser considerados no processo de elaboração do projeto, as hipóteses e a revisão teórica. A fim de ilustração, a composição do projeto de pesquisa segue a seguinte estrutura:

Elaboração da Autora, 2018.

Conforme a ilustração se faz necessário destacar que os elementos constitutivos do projeto precisam estar conectados, na medida em que eles conferem unidade ao projeto. Tanto é assim, que ao se ler sobre os objetivos ou até mesmo sobre a justificativa, o orientador já possa ter uma ideia sobre o objeto e o percurso a serem seguidos pelo pesquisador. A falta de clareza em qualquer um dos itens dificulta a compreensão, comprometendo todo o projeto.

As considerações sobre os elementos constitutivos do projeto de pesquisa são essenciais no ato de sua construção, por isso que são apresentados, aqui, um a um, a fim de oferecer maior clareza sobre sua finalidade.

O primeiro elemento diz respeito ao título do projeto. Esse título precisa ser bem delimitado, recortado, visto que não se tem como abranger vários aspectos de um objeto. Por esse motivo, quando se elege um título é preciso se preocupar com as seguintes questões: o que será abordado (objeto da pesquisa); onde (contexto específico); e quem (sujeitos-alvo envolvidos na pesquisa. Esse sujeito pode ser humano ou não). O título irá informar de uma maneira bem determinada sobre o assunto a ser abordado e o grau de abrangência dado ao mesmo.

Uma observação, o título não pode ter mais que 20 palavras. Ele precisa sintetizar a ideia a ser desenvolvida, ou seja, quando se faz a leitura do mesmo é possível visualizar toda a estrutura do que será projetado, incluindo, inclusive, os capítulos. "O título deve descrever, de forma adequada, o conteúdo do artigo a ser escrito de tal maneira que cative o leitor, além de causar boa impressão" (AQUINO, 2010, p. 320).

Exemplos de títulos:

- A influência da cosmovisão cristã bíblica e a formação humana no contexto de comunidades eclesiásticas.

  Objeto: cosmovisão cristã bíblica

  Sujeito-alvo: ser humano

  Contexto: comunidades eclesiásticas

- O papel da Teologia Prática no fazer eclesiástico direcionado à ressocialização dos drogaditos.

  Objeto: Teologia Prática

  Contexto: fazer eclesiástico

  Sujeito-alvo: drogaditos

- A teoria da liderança e suas características no processo de gestão e prática servidora: o exemplo de Jesus.

  Objeto: Liderança

  Contexto: ministério de Jesus

  Sujeito-alvo: gestão e prática servidora

O **segundo elemento** diz respeito à problemática levantada. Essa problemática tem que estar associada ao título, formando com ele uma unidade. É importante ressaltar que o pesquisador no ato de formulação do problema precisa ter conhecimento sobre o objeto, ou seja, ele precisa ter familiaridade com o assunto. Afinal, não há como levantar um problema, quando se desconhece sobre o objeto. A dúvida nasce exatamente de um ponto em que não ficou claro ao pesquisador sobre os argumentos defendidos, quer seja com relação aos conceitos, pressupostos ou teorias.

O ato de construção do problema parte de uma questão, por isso sua redação precisa vir em forma de pergunta. A composição da pergunta é efetivada com a ajuda das seguintes locuções: de que forma; de que maneira; qual(is); por que; até que ponto; será que; que; e como.

Sobre o ato de construção do problema, o Dicionário de Metodologia Científica (APPOLINÁRIO, 2011, p. 157) aponta sua relevância, visto que não se pode pensar em pesquisa sem que se eleja um problema. Assim, o problema diz respeito à

> Questão a ser investigada numa pesquisa, colocada na forma interrogativa. O problema é uma especificação do tema de pesquisa, devendo ser circunscrito e bem definido. A definição do problema constitui-se numa etapa crucial para o desenvolvimento da pesquisa, e, dependendo de sua correta formulação e análise, decidirá que tipo e delineamento de pesquisa deverão ser adotados. Possui relação com o tema e as hipóteses de pesquisa.

Observe que há uma vinculação do problema com o tema e as hipóteses, isso indica que no ato da construção é preciso apresentar coerência entre estes elementos. Afinal, a problemática diz respeito à questão a ser investigada e essa questão parte da temática levantada e a ela retorna. Isso, porém, não pressupõe que a questão encontrará uma única resposta, muitas vezes, nasce outras dúvidas com a investigação, o que demonstra a dinamicidade do conhecimento, que de modo algum pode ser visto como se fosse estanque ou estacionário.

Para apresentar alguns exemplos de formulação do problema, considera-se o seguinte título da pesquisa: "A influência da cosmovisão cristã bíblica e a formação humana no contexto de comunidades eclesiásticas".

Problema 1: De que forma é possível identificar a influência da cosmovisão cristã bíblica na formação humana a partir da ação efetivada pelas comunidades eclesiásticas no âmbito de suas Escolas Bíblicas?

Problema 2: Até que ponto a formação humana se configura como objetivo maior da educação desenvolvida pelas comunidades eclesiásticas e fundamentada na perspectiva da cosmovisão cristã bíblica?

Problema 3: Qual o papel a ser desempenhado pelas comunidades eclesiásticas em relação à formação humana, na medida em que se evidencia como representante e defensora da cosmovisão cristã bíblica?

Mascarenhas (2012, p. 66) ressalta que a definição do problema precisa considerar quatro aspectos: 1º delimitação exata da resposta que se procura; 2º reflexão do pesquisador com relação ao tema; 3º orientação do pesquisador, quanto ao levantamento bibliográfico; e 4º orientação quanto ao processo de coleta de dados.

A partir da eleição do problema é possível dizer que a pesquisa se encaminhará para dar ênfase a um ou outro aspecto enunciado na questão. Essa ênfase possibilita que o pesquisador desenhe toda a estrutura dos capítulos em prol dos argumentos a serem construídos. Com o estabelecimento do problema, o pesquisador pode redigir as hipóteses que serão verificadas. A redação das hipóteses é feita a partir do emprego do silogismo, por isso que é muito usual utilizar a correspondência (se... então). A primeira partícula "se" aponta para a possibilidade; e a segunda "então", para a conclusão lógica advinda das possibilidades apontadas.

As hipóteses podem ser consideradas no projeto como um elemento constitutivo ou como parte da justificativa, ou seja, da explicação lógica construída para a investigação do objeto. Isso indica que tanto pode constar como item à parte ou como um ponto de discussão sobre inferências do pesquisador sobre o objeto a ser investigado.

O **terceiro elemento** diz respeito à construção dos objetivos da pesquisa. Os objetivos informam sobre o que o pesquisador espera alcançar ao final. O objetivo pode ser definido como um ato que prevê o caminho principal e secundário a ser atingido, por este motivo é que se constroem objetivos de natureza geral e específica. O objetivo geral diz respeito ao que se pretende atingir ao final com a investigação. Já o objetivo específico refere-se ao caminho a ser trilhado no processo da investigação. É muito comum associá-lo à construção de cada capítulo.

Os objetivos constam da etapa preliminar do projeto e sem eles fica muito difícil apreender a intencionalidade do pesquisador diante do objeto eleito. Não há como pensar na pesquisa distanciada dos objetivos. Afinal, por meio dos objetivos pode-se fazer a leitura da viabilidade ou não da investigação. Assim como a problemática, os objetivos são fundamentais ao desenvolvimento da pesquisa.

A construção do objetivo precisa ser clara e simples, isto indica que não se faz necessário escrever um texto para o mesmo, mas uma sentença que seja indicativa da finalidade esperada. Para tal ato, o pesquisador lança mão da famosa "Taxonomia de Bloom"[18]. A partir da Taxonomia de Bloom são classificadas as ações que estão associadas a um nível do conhecimento. Esse nível segue uma hierarquia no ato de construção e produção do conhecimento. A sua evidência, enquanto objetivo de pesquisa, vem descrita em forma de ação, ou seja, na escrita de um verbo no tempo infinitivo. Assim, é possível classificar os verbos em seis categorias: conhecimento; compreensão; aplicação; análise; síntese; e avaliação.

Os verbos utilizados para cada categoria são exemplificados (rol não taxativo), de acordo com o nível de complexidade e podem ser assim enumerados, conforme a Taxonomia de Bloom (1972):

CATEGORIAS					
CONHECI-MENTO	COMPRE-ENSÃO	APLICA-ÇÃO	ANÁLISE	SÍNTESE	AVALIA-ÇÃO
Apontar	Concluir	Aplicar	Analisar	Compor	Avaliar
Citar	Interpretar	Demonstrar	Categorizar	Documentar	Argumentar
Classificar	Prever	Desenvolver	Comparar	Escrever	Decidir
Enumerar	Representar	Empregar	Criticar	Formular	Selecionar
Especificar	Demonstrar	Relacionar	Diferenciar	Planejar	Comparar
Reconhecer	Descrever	Selecionar	Discutir	Propor	Escolher
Relacionar	Discutir	Estruturar	Distinguir	Reunir	Contrastar
Identificar	Deduzir	Interpretar	Investigar	Especificar	Validar

Tabela exemplificativa, elaborada a partir da Taxonomia de Bloom (1972).

---

18 A Taxonomia de Bloom é muito utilizada no contexto da educação. Ela informa sobre o nível de complexidade atribuída à construção do conhecimento, partindo do mais simples para o mais complexo, ou seja, ela indica graus de conhecimentos associados com o ato da aprendizagem. No contexto da Pesquisa Científica, os níveis apontam para o maior ou menor grau de concretização do verbo evidenciado no item do objetivo da pesquisa.

A partir da tabela exemplificativa, torna-se possível apresentar a forma como os objetivos ganham vida. Assim, diante do título da pesquisa "A influência da cosmovisão cristã bíblica e a formação humana no contexto de comunidades eclesiásticas", podem-se eleger os seguintes objetivos:

A) **Objetivo Geral**: Analisar o processo da formação humana, a partir da influência da cosmovisão cristã bíblica no contexto de comunidades eclesiásticas, no sentido de estabelecer seus fundamentos e características constitutivas.

B) **Objetivos Específicos**:

B1: Estabelecer a relação entre cosmovisão e formação humana.

B2: Conceituar cosmovisão cristã bíblica e descrever suas bases.

B3: Descrever o papel formativo das comunidades eclesiásticas, a partir das bases da cosmovisão cristã bíblica.

Ao construir os objetivos específicos já é possível visualizar a estrutura dos capítulos que poderá ser desenvolvida. Isso indica que, para cada objetivo pode-se correlacionar um capítulo. Então, no exemplo apresentado serão três capítulos. O primeiro falará sobre cosmovisão e formação humana de uma maneira geral; o segundo afunilará para cosmovisão cristã bíblica e o terceiro responderá ao título e à problemática levantada, ao tentar apresentar o trabalho das comunidades eclesiásticas no processo da formação humana.

O **quarto elemento** a ser construído diz respeito à Justificativa. Essa parte também é essencial e torna-se referência para a defesa da investigação a ser efetivada, uma vez que aponta a relevância, o interesse e a finalidade buscada. No ato de elaboração da justificativa tenta-se responder a três questões: **o quê? Por quê? Para quê?**

A pergunta "o quê" pressupõe que o pesquisador precisa apresentar ou descrever o objeto. Esta descrição precisa ser bem demonstrada, ou seja, é preciso que haja evidências claras sobre o objeto. Não cabem dúvidas ou confusão sobre o mesmo. É preciso que esteja claro e bem definido.

A pergunta "por que" faz referência aos motivos que conduziram o pesquisador à investigação. Estes motivos precisam ser contextualizados, na medida em que ajudam a demonstrar a relevância e o interesse do pesquisador sobre o objeto eleito.

A pergunta "para que" evidencia a finalidade da investigação, que precisa ter uma função social, visto que a pesquisa retorna à sociedade, como forma de contribuição sobre uma determinada temática. O "para que" não indica apenas os fins, mas a legitimidade do objeto diante da problemática levantada.

A justificativa não pode ser feita de maneira aligeirada, antes é a parte que precisa de reflexão e de tempo na sua elaboração, visto que é por seu intermédio que se convence sobre sua importância, atualidade e possibilidade, por isso faz-se necessário investir na sua composição, seja trazendo dados atuais (em forma de pesquisa) seja fazendo alusão a problemas advindos do campo social, cultural, religioso, étnico, econômico, teológico etc.

Cabe, agora, apresentar um exemplo de escrita inicial da justificativa. Claro, que ela não está completa. A ideia é apenas demonstrar a forma como a mesma pode ser tecida. Não se busca construir modelos rígidos, mas apenas evidenciar o processo de construção a ser trilhado pelo pesquisador. É claro que compete a ele a sua tessitura, porque cada projeto é singular, ou seja, requer a descrição de suas especificidades, no tocante à relevância, ao interesse e às possibilidades.

A forma de elaboração da justificativa requer criatividade e adequação ao que se considera imprescindível à defesa do objeto.

> Compreende-se que o ato educativo pressupõe a ideia de fazer marcas e essas se apresentam como sinais carregados de intencionalidade, às vezes visíveis ou não. O que remete entender que no interior das marcas acontecem construções simbólicas representadas por diferentes linguagens que se manifestam na cultura e podem ser assumidas como prática de discurso e poder.
>
> Nesse entendimento, as cosmovisões se situam, uma vez que são suposições sobre a realidade material e imaterial, carregadas de significações que lhes são próprias e que expressam uma forma de codificar e decodificar a realidade, ou seja, se apresentam como lentes específicas de ler e olhar a realidade e seu entorno.
>
> Ao pensar nas cosmovisões e na forma de ler e olhar a realidade pode-se assumir a atuação da educação como um canal tanto de propagação como de refutação e de desestabilização de ideias, tradições e imposições, em que se transmite jeitos de ser de geração

> em geração, porém a forma como isso ocorre concretamente deve ser alvo de contínua reflexão e investigação, uma vez que uma cosmovisão não é substituída por outra de forma descompromissada, automática e nem mesmo romântica. Desta maneira, faz-se necessário investigar o que define uma cosmovisão provida de uma lente de interpretação, que nesse caso específico é a de natureza cristã bíblica.
>
> Ao abordar a problemática da influência da cosmovisão cristã bíblica no contexto da formação humana, a finalidade a ser demarcada volta-se para o entendimento de como o processo educativo se constitui e se perpetua como resultado efetivo de um dizer discursivo, o qual se apresenta no interior de comunidades eclesiásticas, a partir da ação das Escolas Bíblicas.
>
> [...]
>
> Assim, esta investigação justifica-se como um caminho que se abre ou não para a reflexão e a ação sobre a formação humana frente à cosmovisão cristã bíblica. Para tal, reconhece-se que isso dependerá dos argumentos construídos e da análise conjuntural a ser efetivada no interior das comunidades eclesiásticas, em relação direta com o processo educacional efetivado.
>
> [...] Espera-se ajudar as comunidades eclesiásticas na identificação de sua finalidade educativa, a partir do reconhecimento de suas bases firmadas na cosmovisão cristã bíblica.
>
> [...]

O **quinto elemento** diz respeito à revisão de literatura. Ela é uma forma de apresentar os resultados teóricos e conceituais produzidos no processo de discussão e argumentação de tal temática. Por isso, que é feito a partir de uma prática conhecida como estado da arte ou estado do conhecimento. O levantamento e a inclusão do estado da arte possibilitam avaliar o nível de produção científica direcionada ao estudo do objeto eleito e como este vem sendo desenvolvido e incorporado à realidade. Este item, inclusive, pode ser contemplado na metodologia da pesquisa, quando se faz a eleição dos teóricos, porém a sua inserção é mais comum em item próprio.

A presença da revisão de literatura no projeto de pesquisa não ocorre apenas pela relação das fontes, antes se faz necessário descrever o seu conteúdo e a linha argumentativa desenvolvida. A revisão de literatura é assim conceituada pelo Dicionário de Metodologia Científica:

> Levantamento e análise criteriosa e sistemática dos resultados e conclusões de outras pesquisas acerca de determinado tema. Os estudos de revisão de literatura (ou revisão bibliográfica, como também são conhecidos) organizam, comparam e resumem outras pesquisas e são extremamente úteis quando um pesquisador necessita realizar uma rápida avaliação de determinado campo de pesquisa, normalmente incorporada na introdução do trabalho, subsidia a formulação de hipóteses, servindo também como plataforma inicial a partir do qual o estudo se desenvolverá (APPOLINÁRIO, 2011, p. 170).

A revisão de literatura por ter uma alta complexidade em sua composição, não será objeto de exemplificação, principalmente por conta do tempo em que o pesquisador precisa dedicar para buscas, sínteses e exposição dos aspectos essenciais sobre os trabalhos encontrados. O que se pode, contudo, ressaltar é que a busca precisa ser efetivada em sítios que são validados pela comunidade científica, como é o caso do Banco de Teses e Dissertações (BTD) e do *Scielo* (sítio de periódicos).

A composição da revisão da literatura pode ser originada a partir de livros, dicionários, enciclopédias, periódicos, referências no assunto, fitas e vídeos, anais de eventos científicos (seminários, simpósios, congressos, encontros etc), websites. Essas fontes categorizam a pesquisa bibliográfica, a qual se faz presente em qualquer modalidade de pesquisa.

O **sexto elemento** diz respeito à metodologia da pesquisa, evidenciando que no ato de sua construção é preciso observar os seguintes elementos: identificação da pesquisa e apresentação de seu conceito; descrição do método e como ele se articula com a pesquisa. A incorporação destes detalhamentos é fundamental para que se reconheça o projeto como pesquisa. Afinal, sem a evidenciação deste campo não há como se falar de pesquisa.

No ato de elaboração da metodologia da pesquisa, o pesquisador além de identificar e descrever o processo a ser perseguido, precisa responder a quatro questões: como será feito? Aonde será feito? Com que meios será feito? Quando será feito? A resposta a essas perguntas é que orientará o pesquisador na montagem do item metodologia da pesquisa.

A metodologia da pesquisa aponta para os passos a serem seguidos no percurso da investigação, o que confere a presença de um método bem definido, assegurando legitimidade e confiabilidade ao processo de pesquisa a ser efetivado pelo pesquisador. Sua inclusão no projeto objetiva tornar mais claro a pretensão do que se deseja alcançar como resultado. Segue o exemplo:

IDENTIFICAÇÃO E DESCRIÇÃO

No desenvolvimento da investigação a ser efetivada, pretende-se trabalhar na perspectiva da metodologia qualitativa, que se apresenta como "aquela que produz dados descritivos: as próprias palavras das pessoas; faladas ou escritas, e a conduta observável". A metodologia qualitativa possibilita, ainda, ao investigador a observação de forma holística e isto inclui: cenários; pessoas; sentimentos; processos; relações e símbolos, o que implica em ter ao seu dispor uma "janela pela qual pode adentrar no interior de cada situação ou sujeito" (GOMÉZ, 1996, p. 62).

AONDE?

Elege-se, ainda, a pesquisa descritiva, que para Mascarenhas (2012, p. 47) "objetiva descrever as características de uma população ou fenômeno, além de verificar se há relação entre as variáveis". Nesse sentido, a pesquisa tem por finalidade analisar a influência da cosmovisão cristã bíblica no contexto da formação humana, a partir do ato educativo desenvolvido por quatro comunidades eclesiásticas. Para tal, se fará a avaliação do material didático, ou seja, das revistas pedagógicas que são usadas no contexto do ensino das escolas bíblicas, direcionadas para a faixa etária dos 3 a 6 anos. Este recorte etário, parte da premissa defendida pelos estudiosos na área da psicologia, de que o caráter de uma pessoa é formado até a idade dos 7 (sete) anos, porém isso não será objeto de estudo.

COM QUÊ E QUANDO?

A avaliação do conteúdo das revistas pedagógicas envolverá os seguintes aspectos: correspondência do conteúdo com as bases da cosmovisão cristã bíblica; e ensino de conceitos fundamentais à formação de uma mentalidade cristã bíblica.

A pesquisa elegerá como campo de investigação o contexto histórico brasileiro (curitibano), e o conteúdo das revistas de 4 (quatro) comunidades eclesiásticas dos seguintes segmentos: batista; presbiteriana; assembleia de Deus; e luterana. Após a análise será feita uma apreciação sobre o conteúdo disponibilizado e o se o mesmo torna-se indicativo para o ensino e para a formação da criança.

O ponto de partida para a avaliação da revista será o da análise do discurso, como ferramenta de interpretação e leitura dos ditos, não ditos e silêncios presentes ou não no conteúdo desenvolvido e direcionado ao ensino das crianças.

A análise do discurso tem por finalidade "construir escutas que permitam levar em conta esses efeitos e explicitar a relação com esse saber que não se aprende, não se ensina, mas que produz seus efeitos" (ORLANDI, 2003, p. 34). Assim, pode-se dizer que no contexto da análise do discurso: "Cada tipo estabelece a relevância de certos fatores (e não outros) para as condições de significação do texto, isto é, a tipologia opera um recorte que distingue o que no contexto de situação deve ser levado em conta na constituição do sentido" (ORLANDI, 2012, p. 89).

COMO?

Nesta linha de pensamento, a pesquisa compreenderá 4 (quatro) fases, a saber:

1ª.- **Estudo preliminar e levantamento bibliográfico** (revisão de literatura, leitura das fontes documentais (projeto político-pedagógico e currículo e aprofundamento dos temas sobre cosmovisão, educação, cultura e ideologia);

2ª.- **Diagnóstico e investigação** (avaliação das revistas pedagógicas, conforme os critérios eleitos);

3ª.- **Interpretação e análise dos dados** (tessitura de um paralelo entre a cosmovisão eleita e o ensino, ao adotar como parâmetro a análise do discurso, voltada à formação humana).

A proposta de análise discursiva parte-se do entendimento que:

A formação discursiva é básica na análise do discurso, pois permite compreender o processo de produção dos sentidos, a sua relação com a ideologia e, também dá ao analista a possibilidade de estabelecer regularidades no funcionamento do discurso (ORLANDI, 2003, p. 43).

> **4ª.- Delineamento** (apontamentos sobre a relação da cosmovisão na educação e sua influência na formação humana)
>
> A conclusão da pesquisa terá como objetivo apresentar os apontamentos sobre a influência exercida pela cosmovisão no processo educacional e, ainda, na formação do ser humano.

O **sétimo elemento**, o cronograma, informa sobre a distribuição no tempo e no espaço dos passos a serem efetivados pelo pesquisador no desenvolvimento da sua pesquisa. É uma maneira de planejar o andamento da trajetória a ser perseguida, ao mesmo tempo em que oferece uma visualização sobre o processo de investigação. Assim, pode-se conceituar o cronograma como "a representação gráfica ou em forma de tabela que descreve atividades a serem realizadas e o tempo que elas consumirão. Todo o projeto de pesquisa deve possuir um cronograma" (APPOLINÁRIO, 2011, p. 39).

Há, ainda, espaço para apontar os recursos a serem utilizados. O apontamento dos recursos pode ser configurado em forma de tabela, identificando o investimento e o custo envolvido. Esse item não é obrigatório, ficando a critério do pesquisador e da banca avaliativa a qual o projeto será submetido. Se houver menção do mesmo, então se faz necessário à sua contemplação no projeto.

Por fim, são alistadas as referências em ordem alfabética. Essas referências precisam seguir as normas editadas em cada Instituição; por isso, cabe ao pesquisador, antes mesmo de submeter o seu projeto, averiguar se todos os itens do projeto foram desenhados, conforme a norma institucional, inclusive as referências. Essas últimas fazem parte obrigatória do projeto.

Importante alertar que somente podem ser alistadas as referências que efetivamente foram usadas na construção do projeto. Não se pode fazer menção a títulos de obras ou autores que não foram citados no corpo do texto do projeto. Este alerta precisa ser seguido, não tem apenas caráter orientativo.

Cabe, ainda, observar que os itens apresentados para a composição do projeto de pesquisa como: título, objetivos, problema, metodologia da pesquisa constarão na construção do artigo científico. Assim, compreender não apenas sua finalidade, mas a forma de sua redação torna-se imprescindível para a produção deste tipo específico de trabalho científico.

Por fim, ressalta-se que os elementos do Projeto de Pesquisa não devem ser abandonados, quando da elaboração do trabalho final. Antes, eles são inseridos no trabalho final no item Introdução. Isso indica que o projeto é parte constitutiva do trabalho final, seja tese, dissertação, artigo ou ensaio/*paper*.

Para concluir esta Unidade Temática é preciso ressaltar que aqui se inicia seu trabalho prático. Portanto, cabe agora você construir os seguintes elementos: título, objetivos, problema, justificativa, metodologia. Esses elementos integrarão o seu artigo final. Mãos à obra. Quanto mais você se estruturar para a redação dos mesmos, mas fácil será sua trajetória de produção deste tipo de trabalho científico.

Boa reflexão e construção!

15.
UNIDADE TEMÁTICA 12: CONSTRUÇÃO DE ARTIGOS CIENTÍFICOS

O objetivo desta Unidade de estudo é apresentar a estrutura do trabalho científico denominado artigo, bem como tecer considerações sobre sua finalidade no contexto da produção cientifica a ser abraçado pelo pesquisador. O caminho percorrido no processo de construção do artigo precisa considerar os seguintes passos: título; identificação do autor; resumo; palavras-chave; introdução; desenvolvimento; considerações; e referências.

Os passos do artigo científico evocam sobre o que se espera encontrar no mesmo, isto não se configura como requisitos opcionais ao pesquisador, antes, eles são determinados e por isso precisam ser observados. Afinal, o artigo científico é uma demonstração de um recorte efetivado sobre uma temática ou um aspecto considerado numa investigação que deu origem a uma tese, dissertação ou monografia. No artigo científico são apresentadas as linhas gerais de argumentação e a base teórica que sustentou a linha argumentativa no desenvolvimento das ideias defendidas.

Pode-se dizer sobre a categoria do artigo científico, que ela visa publicar trabalhos advindos de pesquisas e por isso sua ênfase recai na comunicação, refutação, ampliação ou inovação dos resultados obtidos por meio de uma proposta científica, quanto ao modo de interpretar ou defender um conceito, argumento ou ideia.

O artigo científico pode ser conceituado como um meio de tornar público os resultados de uma pesquisa ou de uma investigação em desenvolvimento. A partir do artigo científico são apresentados à sociedade os resultados ou aproximações efetivadas pelo pesquisador sobre o objeto de sua investigação. Assim, pode-se dizer que ele "relata informações e resultados de maneira clara e concisa, a fim de ser publicado em periódicos científicos, cuja finalidade e refletir a análise de um determinado assunto, num certo período de tempo, sendo um bom veículo para clarificar e depurar ideias" (RAMOS; RAMOS, 2008, p. 69).

A publicação em periódicos é a razão de ser da existência do artigo, por isso que o processo de sua produção precisa ser criterioso e aprofundado. Não cabe no artigo científico tratar de temas sem que se constitua uma boa base teórica. A base teórica é o pilar de sustentação da prática discursiva e argumentativa. Isso indica que o pesquisador não disserta sobre o que ele pensa ser, mas sobre as discussões efetivadas e como elas se integram ou não a sua temática. O Dicionário de Metodologia Científica conceitua o artigo da seguinte maneira:

> Texto que possui certas características específicas (presença de elementos textuais, tais como introdução, método, resultados, conclusão, referências etc.) e cujo objetivo e o de ser publicado num periódico científico. Para que uma pesquisa científica venha a ser publicada ela deve assumir a forma de um artigo científico. O formato geral de um artigo depende muito da área em questão, do tipo de pesquisa que lhe fornece base e das normas específicas do periódico em que se pretende publicar o artigo (APPOLINÁRIO, 2011, p. 14).

O ato de construção de artigos científicos pode ser classificado em três categorias, conforme Ramos e Ramos (2008). São elas: original; teórica e argumentativa. **Na categoria original**, o artigo versa sobre os resultados obtidos no campo da investigação sobre a temática em evidência, portanto está associada aos resultados de pesquisas desenvolvidas ou em desenvolvimento.

Na **categoria teórica**, os artigos científicos partem da discussão de uma temática, firmada em aportes teóricos. Essa categoria é a mais utilizada no campo da Teologia, principalmente, porque são referentes de discussões e argumentações sobre temas de cunho conceitual e discursivo. Nessa categoria apresentam-se teorias e suas influências em relação aos argumentos produzidos, bem como suas aproximações, distorções, reduções e viabilidades na prática social.

A última categoria, **argumentativa**, informa sobre a análise de investigações efetivadas e que são alvo de reflexão e novas leituras. Ela tem como proposta analisar, evidenciar, demonstrar e discutir sobre as premissas defendidas, emitindo um parecer crítico sobre as mesmas. Muitas vezes, essa forma de artigo aparece com a denominação de resenha crítica. É bom compreender que, a resenha crítica necessita de que o seu resenhista tenha conhecimento sobre o tema, ou seja, ela não pode ser feita por alguém que não se revista da pele de pesquisador.

ESTRUTURA DOS ARTIGOS CIENTÍFICOS

Os elementos que compõem a estrutura dos artigos científicos precisam ser conhecidos do pesquisador, principalmente se ele deseja submeter seu trabalho à avaliação de uma revista ou periódico, visando à publicação de seu texto. Assim, compete ao pesquisador ter clareza da finalidade de cada elemento, a fim de que seu texto seja o mais completo possível. Neste sentido, cabe agora apresentar cada um dos elementos, a saber: título; resumo; palavras-chave; introdução; desenvolvimento; considerações; e referências.

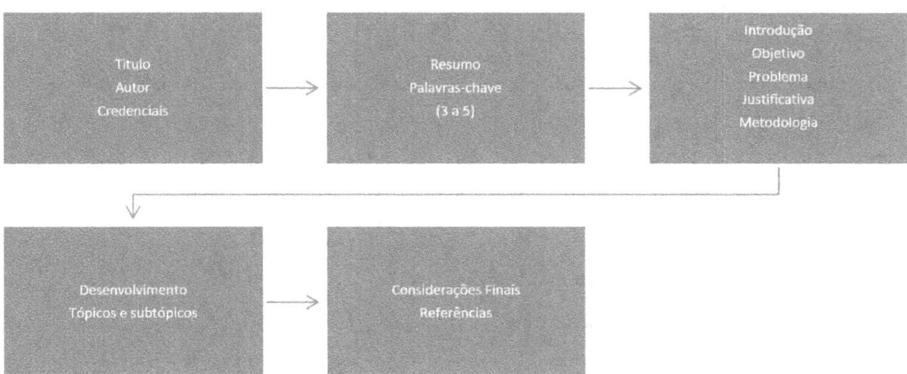

O primeiro elemento, **o título,** precisa apresentar uma síntese da ideia que será desenvolvida no corpo do texto. Esse título não pode ser extenso, antes deve comunicar sobre o objeto de uma forma clara e direta. Não é pertinente elaborar um título em forma de negação, antes a proposta visa explicitar o objeto de uma maneira afirmativa. Isso já indica que a temática eleita tem um viés discursivo-argumentativo que será desenvolvido, visando atender à especificidade ou delimitação do objeto apontada. Então, temas com fundo de negação precisam ser evitados, tais como: **"A deficiência do sistema eclesiástico direcionado ao controle de orça-**

mentos". Observe-se que o próprio tema não indica natureza contributiva, mas apenas depreciativa. Por esse motivo é que se opta por temas mais afirmativos, que no caso em tela seria: "**Uma análise sobre o controle de orçamentos executado no interior de sistemas eclesiásticos**".

O título informa sobre o objeto e o caminho eleito pelo pesquisador para desenvolver sua linha argumentativa. Ao ler o tema já é possível visualizar alguns pontos referentes da discussão presente no interior do texto. A propositura do título é o primeiro passo que precisa ser refletido pelo pesquisador, visto que é a partir da propositura, que haverá ou não, a manifestação de interesse pela leitura do artigo científico.

O segundo elemento é o **resumo**. O resumo informa sobre as partes essenciais do trabalho, ou seja, ele sinaliza para uma síntese do tema desenvolvido. A partir do resumo é possível ter uma visão geral do objetivo do artigo, da problemática levantada, da metodologia da pesquisa eleita, dos principais aportes teóricos e da conclusão efetivada, de maneira contributiva, aproximativa ou reflexiva. Assim, o resumo, "contextualiza o problema de pesquisa, o método utilizado, os principais resultados e a conclusão do estudo" (APPOLINÁRIO, 2011, p. 169).

A partir do resumo é que se desperta o interesse do leitor para a leitura ou não do artigo. O resumo, portanto, pode ser considerado como se fosse a porta de entrada para o ato da leitura, consulta e citação por outros pesquisadores sobre a temática desenvolvida. Assim, o ato de composição do artigo precisa conter os itens obrigatórios apontados. Isso classifica o resumo como uma produção científica.

O terceiro elemento, **palavras-chave**, indica sobre a ideia norteadora ou principal em que a discussão é tecida. Essa ideia norteadora assume o espaço da palavra-chave. Assim, quando se elege uma palavra-chave o que se faz é apontar a chave que conduz à compreensão da reflexão efetivada sobre determinado objeto.

O Dicionário de Metodologia Científica define palavra-chave como "a palavra que fornece uma clara indicação de qual o tema ou área de conhecimento de um trabalho científico" (APPOLINÀRIO, 2011, p. 143).

No ato de eleição da palavra-chave, o pesquisador deve ter em mente que isto não é ilimitado, antes é restrito a uma escala de referência que se situa no intervalo de três a cinco palavras-chave (Intervalo: 3 a 5). Esse intervalo precisa ser observado pelo pesquisador, sendo ele um critério, inclusive, de identificação do que de fato é relevante na composição e defesa discursiva.

O quarto elemento é a **introdução**. Nela, o pesquisador apresenta um panorama contextualizado sobre a temática, na medida em que justifica a sua relevância no campo do conhecimento e da investigação. Ele, ainda, faz referência aos seguintes itens já abordados no resumo: objetivo, problema, metodologia e aporte teórico. Acerca da introdução é possível dizer que "nela apresentamos e delimitamos o assunto do trabalho. Aqui, também é importante falar sobre a motivação e os objetivos de sua pesquisa" (MASCARENHAS, 2012, p. 107).

A introdução do artigo científico pode ser considerada como o sentido de ser do texto, no que diz respeito à finalidade, à relevância, ao grau de valor, e à legitimidade direcionados à investigação do objeto eleito. Se a introdução ocultar estes elementos, ela perde em substância e propósito.

O quinto elemento faz referência ao **desenvolvimento** do artigo. Este desenvolvimento pode ser construído a partir de partes demarcadas por títulos e subtítulos. A divisão em partes facilita a leitura e a compreensão do processo argumentativo-discursivo.

No desenvolvimento é que o pesquisador apresenta as discussões teóricas, quer seja para afirmar, refutar ou ampliar as investigações e leituras sobre o objeto em questão. Ainda, pode-se considerar no desenvolvimento a constituição da fundamentação teórica e metodológica, quando o artigo científico tem como objetivo apresentar os resultados obtidos sobre a pesquisa efetivada.

O sexto elemento apresenta as considerações finais, ou seja, um parecer sobre os resultados obtidos na investigação. Este parecer revela o olhar crítico do pesquisador sobre o objeto em análise. Esse olhar tanto pode ser de caráter afirmativo ou contestativo. Ainda, é possível apresentar descobertas efetivadas ou inovações acerca da temática.

Por fim, o sétimo elemento faz referência às obras utilizadas para subsidiar a composição do texto. Reitera-se que só poderão fazer parte das **Referências,** o nome das obras que se farão presentes no corpo do texto.

A partir da apresentação da estrutura do Artigo Científico, cabe agora lançar mão de um modelo de artigo científico, a fim de que se visualizem suas partes constitutivas. Esse modelo é extraído de uma Revista Científica[19], de um artigo publicado desta autora, porém o mesmo será evidenciado item por item. Seguem as normas de formatação do periódico: Fonte: Times New Roman; Tamanho de letra: 12 para o texto e 10 para citação. Resumo: Tamanho de letra: 11. Notas de rodapé: tamanho da letra 10. Sistema de citação de referências em rodapé.

Título do Artigo: UMA ANÁLISE INTRODUTÓRIA SOBRE A IMPORTÂNCIA DA SIGNIFICAÇÃO NO ENSINO BÍBLICO

Autor: Gleyds Silva Domingues

Credenciais (devem ser dispostas em nota de rodapé):

Pós-Doutora em Educação e Religião. Doutora em Teologia. Mestre em Educação. Professora do Mestrado em Ministério da Piedmont International University e do Mestrado Profissional em Teologia das Faculdades Batista do Paraná. Coordenadora do Grupo de Pesquisa Perquirere: Práxis Educativa na Formação e no Ensino Bíblico. Pesquisadora do Grupo de Pesquisa Intepretação, Atualização e Transmissão dos Ensinos Bíblicos. Pesquisadora do Núcleo Paranaense de Pesquisa em Religião (NUPPER). Pesquisadora do Grupo de Pesquisa em Laboratório Currículo e Formação de Professores - LAPPUC.

E-mail: professor.gleyds@fabapar.com.br

---

19   As normas de formatação foram as fornecidas pelo Periódico. Cada Periódico tem sua norma, que pode seguir a ABNT ou não, no que diz respeito à citação e ao uso de notas de rodapé. Nas normas apresentadas, aqui, as referências associadas às citações são dispostas em notas de rodapé, bem como as explicações sobre termos.

Resumo (as partes em negrito correspondem aos elementos constitutivos: objetivo, problema, aporte teórico, justificativa, metodologia e considerações)

RESUMO

O presente artigo ressalta a importância da significação no contexto do ensino bíblico, à medida que aponta os elementos essenciais para a compreensão da mensagem revelada e sua aplicabilidade na vida. A finalidade demarcada visa **apresentar o ato da significação como parte do processo educativo a ser efetivado no interior das comunidades eclesiásticas, a partir do ensino bíblico.** Assim questiona-se: **como trabalhar o ensino bíblico no viés da ação significativa da mensagem revelada? E ainda, como esta mensagem é apropriada nas práticas experenciais da vida?** Para tal discussão são explicitados os conceitos de signo, significação, linguagem, ensino, aprendizagem e que podem ser encontrados nos **estudos de Croato (1994), Marcondes (2017); Orlandi (2003; 2012), Perissé (2012), Pérez Gómez (2012) e Domingues (2011; 2012; 2015; 2016). O eixo teórico metodológico adotado, parte da metodologia explicativa,** que intenciona discutir a temática a partir de seu elemento constitutivo, a saber: a significação. Ainda, **lança-se mão da análise do discurso por ser uma metodologia que transita entre os espaços discursivos dos ditos, não ditos e os silêncios.** Assim, não se tem a pretensão de esgotar o objeto eleito nesta temática, mas dar início às discussões e ao processo argumentativo sobre o ato da significação, uma vez que sua presença oportuniza não apenas a efetivação do processo ensino e aprendizagem, mas a reflexão sobre os conceitos desenvolvidos e que estão contidos no conteúdo da mensagem revelada, mediados pelo ensino bíblico. **O ensino bíblico pode ser considerado o canal que transmitirá uma mensagem e esta pode transformar a história de vida dos sujeitos, enquanto leitores, interlocutores e praticantes de uma fé, porém é preciso que esta mesma mensagem seja significada. Surge desta relação o desafio do ato de significação da mensagem revelada a ser ministrada no ensino bíblico.**

Palavras-chave: Signo. Ensino bíblico. Discurso. Significação.

Introdução ou Considerações Iniciais

A proposta a ser viabilizada neste artigo diz respeito ao valor a ser assumido pela significação na compreensão da mensagem revelada mediada pelo ensino bíblico. Não se tem a pretensão de esgotar o estudo do objeto, mas de apresentar possibilidades de ação sobre seu alcance e importância, principalmente porque a presença da significação possibilita que o processo educativo seja concretizado de maneira satisfatória. O exercício é refletir sobre o ato da significação, enquanto espaço de produção de sentidos sobre o conteúdo da mensagem a ser transmitida, por isso que a significação é considerada um ato de expressão que se concretiza no campo da linguagem.

A discussão tem como ponto de partida o conceito de signo e sua inserção no contexto da construção de códigos e linguagens. Assim, o que se tem em mente é a forma como este processo se concretiza ou mesmo se materializa a partir dos atos de significação, que estão presentes nos discursos de diferentes grupos sociais, embora seja preciso ressaltar que os discursos não serão objeto desta reflexão, mas o ato de significação que norteia a produção dos sentidos referentes à mensagem transmitida.

Para tal propósito elege-se como questão-problema a seguinte inquietação: como trabalhar o ensino bíblico no viés da ação significativa da mensagem revelada? E ainda, como esta mensagem é apropriada nas práticas experenciais da vida? Afinal, o que se intenta é compreender a efetividade prática do conceito no espaço das relações humanas e não apenas sua inserção no campo puramente epistemológico.

Para tal discussão são explicitados os conceitos de signo, significação, linguagem, ensino e aprendizagem constantes nos estudos de Croato (1994), Marcondes (2017); Orlandi (2003; 2012), Perissé (2012), Pérez Gómez (2012) e Domingues (2011; 2015; 2016). O eixo teórico metodológico adotado, parte da metodologia explicativa, que intenciona discutir sobre a temática a partir de seus elementos constitutivos. Ainda, lança-se mão da análise do discurso por ser uma metodologia que transita entre os espaços discursivos dos ditos, não ditos e os silêncios.

Reitera-se, ainda, que o olhar para o processo educativo é feito numa perspectiva interacional, uma vez que não há como pensar no ensino distanciado da aprendizagem, pois, enquanto processo, eles agem em complementaridade, ou seja, são elementos que exercem um estado de co-dependência no ato de mediação e de produção de novos significados, por isso são aqui trabalhados conjuntamente. Essa perspectiva é extensiva, também, ao ensino bíblico.

Sendo assim, não se pode pensar no ensino bíblico, apenas, como um instrumento de transmissão, mas como um processo significativo que pode marcar as vidas, quer de maneira positiva (quando cumpre seu propósito) ou negativa (quando é esvaziado do sentido/significado). O certo é ter consciência de que o ensino bíblico ao exercer um papel significativo atuará diretamente no processo da formação dos sujeitos aprendentes. Afinal, "A perspectiva do ensino e da aprendizagem a ser assumida parte da necessidade de desvelar signos e dar sentido à fé cristã".[20]

A ideia que se busca no artigo é tentar inovar na forma de pensar o ensino bíblico e na possibilidade que este processo pode adquirir na prática social referente às comunidades eclesiásticas, na medida em que atua como um elemento articulador de significados, ideias, conceitos, sentidos e posicionamentos relacionados à prática da fé. Esse inovar pode resultar na presença de nova mentalidade sobre a vida em suas diferentes dimensões e abrangências. Esta é uma incursão que desafia e inquieta os diferentes olhares já constituídos no campo da linguagem e da produção de sentidos.

---

20 DOMINGUES, G.S. **Andragogia de Jesus**: a metodologia de ensino que transformou o processo educativo. Curitiba: AdSantos, 2016. p. 14.

Desenvolvimento

SIGNO, PORTADOR DE UM CÓDIGO

Um signo[21] remete à existência de um código que traz em seu interior significados e significantes. Estes se constituíram num processo social e foram introjetados nos modos de ser, pensar e dizer uma realidade, a partir dos sentidos originados. Nessa ação, a linguagem é constituída, porém para que ela ocorra se faz necessário que este ato de significação tenha lugar em "um sistema estruturado de signos com regras reconhecíveis e transmissíveis".[22]

O ato de significação e apropriação do sentido, como processo de decifração de um código, traz a ideia de uma chave que revela o seu significado, à medida que lhe concede uma interpretação. Essa interpretação está presente tanto em textos e acontecimentos humanos, pois são eles carregados de signos e, que remetem à presença de leis, normas e sistemas reguladores da gramática e da sintaxe, estabelecendo as pautas de sentido[23]. Interessante observar que o processo de interpretação não se limita ao texto, porém o processo engloba expressões, gestos, sinais, símbolos produzidos pelo ser humano cultural e socialmente.

A presença de um signo, enquanto construção social, é gerada no próprio contexto e, por esta razão, todo sentido atribuído é incorporado de maneira legítima, pois é um símbolo que identifica e representa a cultura e, a visão de mundo de uma determinada sociedade.

> Os significados e condutas compartilhados que compõem a cultura encontram-se tanto nas instituições, costumes, objetos e formas de vida, quanto nas representações mentais que os indivíduos e os grupos elaboram e que se transmitem nas disciplinas científicas,

---

21 Croatto afirma que para que uma coisa seja signo é necessário que seja de algo conhecido. Sua conexão pode advir de algo convencional ou arbitrário, porém deve ser explicada ou pelo menos experimentada, antes de ser transformado definitivamente em um signo. (CROATTO, José Severino. As linguagens da experiência religiosa: uma introdução à fenomenologia da religião. SP: Paulinas, 2004. p. 97)

22 MARCONDES, D. As Armadilhas da linguagem. RJ: Zahar, 2017. p. 17.

23 CROATTO, J. S. **Hermenéutica Bíblica:** para uma teoria de la lectura como producción de sentido. Viamonte, Buenos Aires: Lumen, 1994, p. 27.

nas especulações filosóficas, nas narrações históricas, nas expressões artísticas e na sabedoria popular[24].

A identificação é a marca de um signo, bem como sua significação, uma vez que, o sentido faz toda a diferença no ato de sua captação e de seu acolhimento por um determinado grupo social, como legítimo e representacional. Afinal, não há como significar algo que é desconhecido e distante da realidade, na qual o grupo social vive e está mergulhado. Por este motivo, não se pode desprezar no ato de significação o processo de contextualização. Afinal, "o significado só pode ser construído e transmitido, comunicado, de acordo com determinadas convenções sociais, e, por consequência, como parte de uma cultura".[25]

A contextualização permite que o sentido da mensagem se aproxime dos seus interlocutores, a partir de elementos presentes no repertório cultural e que são conhecidos e legitimados por tal grupo social. A contextualização possibilita, ainda, a aproximação da mensagem sem alterar o seu sentido. Isso indica que o sentido original da mensagem não pode ser alvo de múltiplas interpretações, mas que seu sentido tem um significado próprio que o gerou. Esse significado torna-se constitutivo da mensagem para que ela de fato possa alcançar o status de verdadeiro.

Reconhece-se, porém, que em diferentes culturas, pode ocorrer à alternância do conteúdo da mensagem, pelo fato de não existir em sua cultura elementos referenciadores ou decifradores do signo que foram gerados em outro espaço de tempo e lugar. Quando isso acontece são gerados novos sentidos e que passam a ser legitimados por aquele grupo social específico, visto que distanciado do mesmo, ele não é utilizado, decifrado, compreendido e nem mesmo apropriado.

"Os signos resultam, portanto, de uma função social e da interpretação daqueles que os usam e os tornam signos. Em um mundo anterior a qualquer cultura, não haveria signos."[26] E se não há signos, pode-se dizer que não existem códigos, nem mensagens, nem pro-

---

24 SACRISTÁN, J.G.; PÉREZ GOMÉZ, A. I. **Compreender e transformar o ensino**. Porto Alegre: Artmed, 2007, p. 92.

25 MARCONDES, 2017, p. 20.

26 MARCONDES, 2017, p. 37.

cesso de significação a ser gerado no interior de um grupo social, ou seja, na sua ausência ou não existência, não existe uma linguagem legitimada e representativa do próprio grupo social.

Outra observação a ser feita é que o sentido fechado a ser dado ao signo parte, então, de três aspectos: a presença de um emissor que seleciona os signos que compõem sua mensagem; o interlocutor ou receptor que recebe a mensagem, conhece o seu código e o decifra; e o contexto comum em que emissor e interlocutor são partes[27]. Sobre esses elementos ainda deve-se acrescentar mais um que diz respeito à aceitação ou não da mensagem. Afinal, o receptor não pode atuar como mero espectador de uma mensagem, antes é ele que decide se esta mensagem pode ser considerada como verdadeira ou não.

O ato de aceitar uma mensagem ou não se torna um critério para que ocorra a aproximação com o signo apresentado, o qual deve ser efetivado pelo processo de reconhecimento, depois de utilidade e, por último, de praticidade. Em outras palavras, o signo representa significativamente quando tem valor, utilidade e aplicabilidade na vida.

> O signo, ao expressar uma relação de causa e efeito (além de outras, como a convenção humana; códigos de sinais, etc.), abarca amplos aspectos da vida [...]. Isso supõe uma capacidade de 'trans-ler' nas coisas o que se experimenta na vida, ou ter uma experiência global do humano[28].

A constatação da presença e da relevância do signo realizada permite compreender que o signo diz sobre outro ser e, ao dizer, ele, revela o que antes parecia encoberto, porém a ausência de aproximação entre emissor, receptor e contexto pode produzir a diversidade de sentidos, o que às vezes pode prejudicar o processo de comunicação e de leitura da mensagem a ser feita no texto e no acontecimento de uma forma fechada. E isso é uma das barreiras para o ato de compreensão e interpretação que pode conduzir à distorção do seu conteúdo original.

---

27 CROATTO, 1994, p. 28-29.
28 CROATTO, 2004, p.99.

É no ato da significação, portanto, que ocorre o processo de entendimento e interpretação de um signo presente no texto e/ou acontecimento, o que remete evidenciar outra questão: a polissemia[29] de significados. A polissemia de significados é real, pois os grupos sociais são múltiplos e diversos, o que implica em diferentes interpretações sobre o que é dado a conhecer, pois um signo pode variar na sua representação, a partir do contexto em que o decifrou e/ou constituiu, enquanto linguagem, e, que pode obstaculizar o entendimento do discurso, uma vez que não se revela a alguém sobre coisa alguma. É neste paradoxo do sentido que reside à riqueza das visões de mundo.

O cuidado, portanto, a ser observado liga-se à interpretação, ou melhor, à captação do sentido, pois é o próprio sentido que pode designar a coisa em si, como também dizer sobre o sujeito implicado na relação direta com um objeto desvelado, visto que, a intenção daquele que escreve, fala ou gesticula é ser entendido pelo receptor, por meio da mensagem que foi a ele destinada[30].

Diante disto, parte-se da premissa que a mensagem é portadora de códigos e, por isto, o ato de possuir a chave de interpretação oportuniza, não apenas, a sua decifração, mas a interiorização da mensagem, como uma parte representativa da verdade significada na realidade social, que pode vir em forma de um texto ou de um acontecimento. Isso sinaliza que não basta apenas decifrar uma mensagem, mas significá-la e aceitá-la como reveladora ou produtora de sentidos.

> É por esta razão que o processo educativo deve ser desenvolvido de forma significativa, sem cobranças e sem imposições, mas com sentido, pois de fato quando encontramos sentido no que estamos aprendendo, o conceito ensinado é apropriado com mais facilidade. E é nesse processo que expressamos a alegria por aprender.

A utilização do texto como um modo de representar a verdade significada, assume a forma oral e escrita, pois antes de se conceber

---

29 Orlandi, sobre a questão da polissemia, ressalta que é ela a fonte da linguagem, uma vez que por sua natureza múltipla possibilita a existência do espaço do dizer, ou seja, dos discursos. (ORLANDI, E.P. **Análise de Discurso**: princípios &procedimentos. Campinas, São Paulo, 2003. p. 38)

30 CROATTO, 1994, p. 29 – 31.

como material escrito existiu como tradição oral[31], a qual foi transmitida de geração em geração. Isso, porém, não quer dizer que o texto permaneceu inalterado, mas que o mesmo ao ser constituído, partiu de uma representação construída num espaço histórico e cultural.

Na perspectiva do ensino bíblico a fonte a ser comunicada e transmitida parte de um texto escrito, mas que também preexistiu na forma oral. Isso, porém, não esvazia o conteúdo da sua mensagem, pois ela permanece inalterada até os dias atuais. Tanto é assim, que se pode falar de princípios[32] que se perpetuaram e continuam se perpetuando no tempo e na história da humanidade.

A INSERÇÃO DO SIGNO E O ENSINO BÍBLICO

Ao se deslocar a questão do signo para o âmbito do ensino, algumas similitudes podem ser encontradas. A primeira é quanto à origem da palavra ensino, que vem do latim *insignare*, cujo significado é apontar numa direção, fazer ou marcar com um sinal, gravar, assinalar, colocar signos, o que indica a presença de uma linguagem fortemente marcada por códigos. No hebraico, podem-se encontrar duas acepções para a palavra ensino: *limmed e hôrah*. O primeiro sentido significa instruir, exercitar e treinar e o segundo mostrar, fazer notar e informar sobre o que fazer, dizer e agir.[33]

A segunda similitude é referente a composição da palavra ensino (*en+sino*), cuja soma do prefixo e do sufixo remetem à ideia de atribuir a alguém um sinal e, por último, o forte apelo à existência de uma ação impositiva sobre algo ou alguém. A ação impositiva não é neutra, mas objetiva um resultado concreto, ou seja, um sinal identificador que

---

31 Croatto revela que o acontecimento por ser anterior à palavra, diz que sua existência está ligada ao ato de interpretar e explicitar o acontecimento, derivando disso a reserva de sentido, à medida que se apropria do sentido e o apresenta novamente à realidade. (CROATTO, 1981. p. 13)

32 "Os princípios bíblicos são aplicáveis, ou seja, podem ser vivenciados em diferentes situações da vida, o que permite não apenas a compreensão dos mesmos, mas sua utilização no dia a dia. Isso porque, os princípios além de possuírem base conceitual (são definidos), eles ainda possuem base prática (são concretos)." (DOMINGUES, 2016, p. 31)

33 DOMINGUES, 2016, p. 24.

pode ser evidenciado na aprendizagem. Para tal, é feita ou materializada com o auxílio de uma ferramenta, visto que, ao se colocar um signo, é preciso instrumentalizar o que se quer imprimir na vida do outro, ou seja, do receptor do código a ser apresentado.

Este código é revelador das crenças, das tradições e da cultura[34] que foram se constituindo e, se legitimando nas experiências dos sujeitos num tempo e num espaço histórico-social, o que o torna polissêmico na forma como o mesmo é apropriado, pois sua apreensão, interpretação e significação resultam das percepções e das histórias individuais, e, portanto, subjetivas, que ganham sentido, ou não, no processo, cognominado aprendizagem.

Ensinar, portanto, pode ser entendido como um ato que transborda na prática da comunicação mergulhada em "experiências intensas e meditada. O transbordamento de uma vida engendrada na observação, na reflexão, numa interpretação original dos acontecimentos[35]", o que caracteriza o ato do ensino com caráter relacional, experiencial e significativo, potencializado na vida dos sujeitos-alvo de sua ação. O ensino é, portanto, aquele que motiva o sujeito a "buscar no conhecimento sistematizado modos de entender o mundo. É o ensino que lhe fornece elementos e instrumentos inéditos para o seu pensamento"[36].

Ainda sobre o ensino pode-se dizer que ele atua "como par do conceito de aprendizagem: o ensino seria um conjunto de ações educativas determinadas, procurando favorecer a aquisição de conteúdos e habilidades específicas"[37]. Nesse sentido, infere-se que o ensino visa à aprendizagem direcionada ao desenvolvimento de competências que serão mobilizadas para ação, ou seja, para resolução de situações práticas do dia a dia, o que pode ser verificado, também, em forma extensiva, como propósito do ensino bíblico.

---

34 Sacristán e Pérez Gómez definem cultura como um conjunto de significados e condutas compartilhadas que foram sendo desenvolvidas no transcorrer do tempo por diferentes grupos sociais. (SACRISTÁN, J.G.; PÉREZ GÓMEZ, A.I. **Compreender e Transformar o Ensino**. Porto Alegre: Artmed, 2007, p. 92)

35 PERISSÉ, G. **A arte de ensinar**. São Paulo: Saraiva, 2012. p. 3-4.

36 VILLELA, F.C.B.; ARCHANGELO, Ana. **Fundamentos da escola significativa**. SP: Loyola, 2014. p. 71.

37 VILLELA; ARCHANGELO, 2014, p. 58.

No contexto do ensino e da aprendizagem, não há como determinar uma única chave de interpretação, devido à diversidade de pessoas, crenças, tradições, visões de mundo, presente em um espaço específico do ato educativo, visto que:

> Quando a arte de ensinar se torna intencional, apresenta contornos de complexidade pelos contextos que marcam a relação, pelas motivações dos intervenientes, pelos conteúdos propostos, pelos códigos utilizados e pelas concepções que os agentes da interação têm da situação[38].

Isso quer dizer que, no ato da aprendizagem, o ensino não pode ser conduzido de forma linear, autoritária, arbitrária, distanciada e impositiva, uma vez que obstaculiza o processo de apropriação e de significação presente na compreensão de um código, visto que, "o ensino não é um meio para conseguir certos objetivos fixos, previamente estabelecidos, mas o espaço no qual se realizam os valores que orientam a intencionalidade educativa[39]".

O ensino, então, deve ser conduzido no entendimento de que a ministração da aula se apresenta "como momento e espaço privilegiado de encontro e de ações – não deve ser dada nem assistida, mas construída, feita pela ação conjunta de professores e alunos[40]". É por esse motivo, que o processo educativo efetivado, enquanto espaço do acontecimento, é compreendido como "uma rede viva de troca, criação e transformação de significados[41]", visto que a interação a ser estabelecida pode ser o canal fomentador que propiciará meios de produção e de construção de novos conhecimentos e sentidos.

A aprendizagem na perspectiva do acontecimento, se expressa de forma relacional e se inscreve no ato de apropriação do código, con-

---

38 TEODORO, A; VASCONCELOS, M. L. **Ensinar e Aprender no Ensino Superior**: por uma epistemologia da curiosidade na formação universitária. São Paulo: Mackenzie, 2003, p. 35-36.

39 SACRISTÁN, J. G.; PÉREZ GÓMEZ, A. I. **Compreender e transformar o ensino**. Porto Alegre: Artmed, 2007, p. 86.

40 PIMENTA, S. G; ANASTASIOU, L das G. C. **Docência no Ensino Superior**. São Paulo: Cortez, 2010, p. 207.

41 SACRISTAN; PÉREZ GÓMEZ, 2007, p. 85.

tendo símbolos e linguagens[42] próprias, as quais estão inter-relacionadas com a vida. E nisto, reside à beleza da aprendizagem, ou seja, o desafio de compreender e interpretar os códigos da vida. E isso fica mais próximo, quando o conteúdo desta aprendizagem diz respeito à verdade revelada a ser transmitida pelo ensino bíblico.

O ensino bíblico torna-se, então, portador de uma linguagem simbólica a ser decodificada e, por isso, seu alcance muitas vezes é frustrado, por não encontrar correspondência significativa entre o sujeito e o objeto a ser decifrado, isso porque, sua finalidade foi reduzida a um mero ato de transmissão expositiva unilateral. Não há espaços de diálogo, trocas e compartilhamento de experiências. O resultado é a ausência de uma prática efetiva de natureza significativa.

Em outras palavras, o ensino bíblico se distancia do sujeito, porque este último não consegue compreender o seu sentido, isto é, sua mensagem. O ensino bíblico, neste ato, se apresenta esvaziado de significado, porque não considera o olhar do outro e, nem mesmo, as expectativas geradas sobre o ato do conhecer, as quais foram trazidas para o espaço da construção de conhecimentos. Espaço, esse, que pode ser designado por sala de aula.

Esta situação torna-se mais evidente, quando o ensino bíblico fica, restritamente, associado a conceitos, ausentes de exemplos e práticas concretas. Há uma supervalorização do campo conceitual em relação ao prático, o que reduz sensivelmente o espaço relacionado à interpretação e à significação, pois se elimina a vida como conteúdo essencial do conhecimento. E no contexto do ensino bíblico, a riqueza está na sua natureza, essencialmente, prática.

Não se quer, aqui, diminuir o valor do conteúdo conceitual, pois um ensino bíblico sem esta condição não tem sentido, mas apontar para a relação inerente que deve existir entre o conteúdo conceitual, conteúdo procedimental e atitudinal. A percepção dessas dimensões

---

42 Mercer apresenta a linguagem como um meio vital da existência do ser humano, por seu intermédio ocorre a representação do que se pensa, acredita e vive. Constitui-se, ainda, como ferramenta cultural, na qual se compartilha experiências, saberes e conhecimentos. Além de ser o canal pela qual as novas gerações significam e ressignificam as experiências dos seus antepassados. (MERCER, N. As perspectivas socioculturais e o estudo do discurso em sala de aula. In: COLL, C; EDWARDS, D. **Ensino, aprendizagem e discurso em sala de aula**: aproximações ao estudo do discurso educacional. Porto Alegre: Artmed, 1998, p. 14 – 15)

do conteúdo é que acrescentam os contornos a serem dados no ato do conhecer.

Cabe, agora, um parêntesis a fim de esclarecer sobre a definição atribuída aos conceitos acima apresentados, o conteúdo conceitual diz respeito aos princípios, normas e leis gerais ou universais que regem o próprio conhecimento; o conteúdo procedimental diz respeito à operacionalização, ou seja, a forma de agir diante do conceito aprendido; e o conteúdo atitudinal diz respeito aos valores, às crenças, à moral e que são aplicadas em ação pelos sujeitos aprendentes.

A questão do ensino bíblico torna-se mais complexa quando se limita à esfera da transmissão, porque na falta e/ou ausência de correspondência e de referências, a decodificação e a compreensão não acontecem e, com elas o não aprendizado. Por isso, reduzir o ensino bíblico ao ato linear de comunicação, proposto numa visão funcional da linguagem é um risco e, ainda, uma irresponsabilidade.

A evidenciação do ensino de uma forma geral, como ato, puramente, transmissivo e expositivo, remete à presença de dois sujeitos implicados no processo: o emissor (alguém que fala) e o receptor (que ouve passivamente uma mensagem), cuja interação entre eles é distanciada na forma de uma parede erguida no processo de comunicação, pois a mensagem transmitida não considera o lugar e, nem as representações dos ouvintes. Esta ausência de relação da comunicação torna-se, ainda hoje, um empecilho, isto é, uma barreira, situada dentre os grandes problemas enfrentados em diferentes espaços educativos.

De um modo geral, a reversão a ser perseguida no ensino bíblico é pensada no âmbito da transformação das práticas comunicativas, na qual recoloca o sujeito como aquele que mobiliza ações, saberes, experiências e desejos que podem se transformar em elementos auxiliadores no ato de interpretar e compreender a realidade. E isso fica mais significativo quando o conteúdo da mensagem é a verdade revelada, devido ao grau de signos e códigos contidos em seu interior.

O sentido dado ao ato de compreender vincula-se ao saber, ou seja, é a tentativa de descobrir como as interpretações acontecem e como funcionam no ato de significação, uma vez que, "a compreensão procura a explicitação dos processos de significação presentes nos textos e permite que se possam 'escutar' outros sentidos que ali estão, compreendendo como eles se constituem[43]". Isso remete asseverar que o processo de comunicação assume nessa visão, a função de:

> Oferecer oportunidades para que os alunos/as comparem ativamente as possibilidades de seus próprios esquemas como instrumentos de análise, de projeção e intervenção na realidade. [...] Além do respeito aos diferentes modos de conhecer, vivenciar e comunicar dos diferentes grupos e indivíduos, exige-se um diagnóstico constante do progresso das atividades e do grau de envolvimento de cada indivíduo nas mesmas, assim como um diagnóstico dos significados e expectativas que se criam como consequência de sua realização[44].

O desafio que se impõe à ação comunicativa é possibilitar a transformação do receptor ouvinte em sujeito falante, ou seja, um sujeito ativo que pensa, critica, diz, produz e elabora seu conhecimento. Nasce aqui, a possibilidade da autoria, que supera a mecanização e a pura repetição de falas ditas e, não compreendidas nos discursos pertinentes ao processo de ensino e aprendizagem. Afinal, como exteriorizar aquilo que não se compreende ou se crê? Isso é contrassenso.

Defende-se, portanto, que o ensino bíblico deve buscar o lugar do encontro, da possibilidade e da interatividade. Deve, portanto, ser um ato que incentive o desenvolvimento da criatividade, da imaginação, da autenticidade e da dialogicidade sobre um objeto a ser descoberto. O ato de (des) cobrir já revela a existência de um código a ser significado, visto que envolve a ação de tirar o véu, encontrar, dar visibilidade ao que antes se escondia, ou seja, buscar um sentido para o código apresentado. Assim, "A ação do conhecer é ativa, participativa e criativa, ela envolve diferentes sujeitos e suas percepções, à medida que lhes confere ferramentas que auxiliam no processo de significação pelas descobertas efetivadas"[45].

É no campo da linguagem que o ensino bíblico se encontrará e, isso não deve ser negligenciado, antes o posicionamento assumido deve ser o da consciência, que possibilita a tomada de decisão e o

---

43 ORLANDI, 2003, p. 26.

44 SACRISTÁN; PÉREZ GÓMEZ, 2007, p. 87.

45 DOMINGUES, G.S. Um olhar pedagógico sobre o sentido do ensino no ministério de Jesus. **Revista Via Teológica**. Curitiba: FABAPAR, 2015. p. 46.

enfrentamento da realidade, uma vez que ao ensinar sobre o conteúdo da verdade revelada, coloca-se em jogo visões de mundo fortemente influenciadas pela cultura e que sustenta uma tradição transmitida de geração a geração.

Nesse entendimento, pode-se compreender que o ensino bíblico também é um ato gerado em um contexto social[46], o qual é ressignificado pela palavra. A palavra é o canal difusor de sua mensagem, que expressa verdades constituídas e legitimadas no interior de cada grupo social, pertencente a uma comunidade de fé. Isso revela que a palavra assume uma intencionalidade no ato de dizer. E por esta razão que: "As palavras realmente dizem coisas, e o dizem, por assim dizer, em sua própria pele, em carne viva. As palavras vivas, sangrantes, fazem do nosso pensamento uma coisa viva, animada, nutritiva, uma coisa perceptível[47]". As palavras tornam-se ação, movimento, presença e ausência.

Sendo assim, "A palavra provoca a dinamicidade da vida, pois a cerca de sentido, de conteúdo e de forma semiótica, quer no plano subjetivo, objetivo e intersubjetivo, visto que pela palavra a vida é produzida, construída e gerada".[48] É por essa razão, que não se pode definir a palavra a partir de um único viés cultural, antes se deve abrir em escuta sobre as diferentes nuances do ato de dizer, que tentam compreender e interpretar o que se diz em palavra-texto. O cuidado, apenas, volta-se para resguardar a essência da palavra pronunciada, a partir da verdade revelada.

Constata-se, aqui, a presença da diversidade como possibilidade e alternativa da diferença embutida na palavra, que expressa à vida na combinação e na mistura de suas cores. Afinal, existem muitas formas e jeitos de expressar a mensagem sem que se altere o seu significado. Eis que surge o espectro de múltiplos olhares constituído no ato de

---

46 Sacristán e Pérez Gómez enfatizam que o ensino é gestado no interior de um contexto social, porque é nele que ocorre a criação e a transformação de significados que versam sobre a vida natural, social e individual, pautados nas experiências que os grupos desenvolveram no mundo social e cultural. Há neste sentido, um forte apelo, neste processo, para a presença de uma ação subjetiva. (SACRISTÁN; PÉREZ GÓMEZ, 2007, p. 86)

47 PERISSÉ, 2012, p. 85.

48 DOMINGUES, G.S. Palavra: um espectro de significados. In: **Revista Via Teológica**, Curitiba: FTBP, n.20, junho, 2011, p. 73.

dizer a palavra, que se configura em linguagem em ação. Nesta visão, "a determinação do significado de um termo ou expressão só pode ser feita a partir do exame do ato que efetivamente está sendo realizado e das regras que tornam possível a realização desse ato"[49].

A palavra, objeto do ensino bíblico, gera vida e tanto pode transformar e informar, como também não ser compreendida e nem significada, quando a sua mensagem não é bem desenvolvida ou comunicada. Uma coisa é possível asseverar, a força que subjaz o ensino bíblico diz respeito ao conteúdo de sua mensagem, que não tem natureza ideológica, antes transformacional, pois tem a intenção de modificar mente e coração simultaneamente.

Afinal, são os dizeres e os fazeres, expressões da palavra que se concretizam na prática discursiva tão presente nos espaços designados de efetivação do ensino e da aprendizagem, nos quais se afirmam na vida, lugar próprio de ação e realização da palavra. Assim, pode-se dizer que a condição basilar do ensino é "transformar a informação numa ponte luminosa entre a realidade do aluno e a realidade da cultura, entre o mundo do aluno e o mundo da gramática, entre a vida do aluno e a vida das palavras[50]". Ampliando essa ideia, pode-se afirmar que a condição basilar do ensino bíblico é de apresentar o sentido da vida, a partir de uma missão bem delineada e constituída no conteúdo da mensagem revelada, a qual se concretiza em Cristo e na percepção do plano salvífico projetado desde a fundação do mundo. Afinal, o verbo se fez carne e habitou entre nós. Cristo é a palavra encarnada.

O ensino bíblico no processo de significação precisa passar por uma série de reformulações, principalmente quando se adere a uma prática dialógica, a qual precisa encontrar um novo jeito de se fazer presente na realidade social. Essas reformulações incorporam novos discursos, os quais ressignificam os sentidos, antes, instituídos e legitimados historicamente.

O novo jeito assumido pelo ensino bíblico encontra seu espaço de legitimação no processo de aprendizagem, a partir dos seguintes elementos: valorização do dizer do sujeito aprendente; manutenção

---

49 MARCONDES, 2017, p. 54.
50 PERISSÉ, 2012, p. 14.

de uma escuta ativa; incentivo ao confronto e às perguntas; incentivo à curiosidade; reconhecimento de seus limites; e oportunidade para novas aprendizagens. Isso indica que, "A arte de ensinar, ou seja, de deixar aprender, é deixar que o conhecimento nasça, que o conhecedor renasça a cada novo conhecimento, é deixar que cada um se reconheça no ato de aprender[51]".

Se o ensino bíblico cumprir com esta finalidade educativa, com certeza a trajetória da aprendizagem se concretizará numa perspectiva relacional e significativa, a qual contribuirá de fato para a formação de sujeitos críticos, reflexivos e participativos no processo de transformação da realidade em que se encontram inseridos. Nessa intenção-meta é possível falar de um ato significativo.

O ensino bíblico ao ser reposicionado na ótica da significação altera, sobremaneira, as relações imbricadas no ato do conhecer, isso porque, ocorre uma aproximação entre os sujeitos e a realidade. E ainda, nasce o desejo da procura e do encontro, que se tornam presenças efetivas no ato de produção de novos sentidos. Utopia, pode até ser, mas como não sonhar com uma possibilidade tão presente que pode vir a ser materializada no contexto de uma prática significativa, da qual o ensino e a aprendizagem são partes constitutivas.

Conclusões

Considerações Finais

A tentativa perseguida neste ensaio diz respeito ao espaço a ser ocupado pela significação no contexto do ensino bíblico, no sentido de aproximar o conteúdo da mensagem dos seus interlocutores sem, contudo, alterar a sua mensagem original. Isso porque, o ato de significação auxilia no processo de compreensão e interpretação do código e ainda possibilita aos sujeitos do processo educativo tecer relações com o objeto do conhecimento. Essas relações são mantidas na dialogicidade, a qual confere o direito dizer e acontecer pela palavra.

---

51 PERISSÉ, 2012, p. 71.

O processo educativo a ser construído e direcionado ao ato da significação encontra na prática discursiva um canal aberto de viabilização do ensino bíblico, que se significa no diálogo e nas relações sociais, pois a prática dialógica se constitui na realidade e para ela retorna, à medida que lhe confere novos sentidos, ou seja, sua ressignificação.

Pensar o ensino bíblico no contexto da sociedade atual é atentar para a presença da diversidade de olhares constituídos e encontrar, neles, a síntese possível a ser realizada no entendimento e na compreensão da mensagem revelada. Isso porque, a mensagem continua falando por meio do seu texto e dos acontecimentos narrados. Ela é tão próxima da vida quanto das situações em que homens e mulheres estão inseridos: dilemas; dúvidas; descrenças; anseios; crenças; relacionamentos; sentimentos; racionalidades etc.

Por esta razão que o ensino bíblico, enquanto prática discursiva, não se distancia da realidade social, antes a elege como ponto de partida, ao tomá-la como objeto de ação e prática representacional e experiencial, o que se torna fundamental ao processo de construção e produção de significados. Essa visão possibilita considerar o ensino bíblico como uma prática intencional, que requer daquele que ensina posicionamento frente ao seu ato educativo.

Afinal, o ato de ensinar revela a presença de uma consciência; a consciência demonstra a decisão política; a decisão política expressa uma cosmovisão; a cosmovisão se sustenta nas formas de ver e ler o mundo. Isso tudo demonstra o sentido e a finalidade educativa na formação humana.

Sobre a mensagem revelada pode-se refletir que se está diante de um código decifrado, mas quais serão as evidenciações e compreensões apreendidas no contexto das práticas sociais? Como este código é significado? Que sentidos são gerados? Questões que podem ser alvo de novas proposições e investigações.

Por ora, surge uma questão que precisa ser respondida quer seja de uma forma direta ou indireta por quem se encontra envolvido com o processo cognominado: ensino e aprendizagem: a significação é um elemento que se encontra presente em sua prática educativa? Como ela se articula com o ensino bíblico?

A resposta se revelará no processo do ensino e da aprendizagem, reconhecendo que o ensino busca a produção de sentido e novas aprendizagens. Neste jogo, o ciclo é formado e, com ele a incerteza, a incompletude e a finitude, pois são estas as marcas que se fazem bem presentes na constituição do ser humano.

Olhar para o processo educativo na tentativa de compreender o sentido da formação humana torna-se a chave de significação presente na prática discursiva. Este é o tempo e esta é a hora para um novo acontecimento: o encontro do ensino-aprendizagem com o ato da significação.

Não se estabelece, aqui, o ponto final, mas o início de uma trajetória que se acredita e, que pode, de fato, inovar o processo educativo presente no âmbito do ensino bíblico. Uma conquista, vários sentidos e novas visões. Este é o desafio colocado.

Referência (dispostas em ordem alfabética, a partir do sobrenome do autor)

REFERÊNCIAS

CANDELA, Antonia. A construção discursiva de contextos argumentativos no ensino de Ciências. In: COLL, Cesar; EDWARDS, Derek (org.). **Ensino, Aprendizagem e Discurso em sala de aula**: aproximações ao estudo do discurso educacional. Porto Alegre: 1998, p. 143-169.

COENEN, L.; BROWN, Colin. **Dicionário Internacional de Teologia do Novo Testamento**. SP: Vida Nova, 2000.

COLL, César; ONRUBIA, Javier. A construção de significados compartilhados em sala de aula: atividade conjunta e dispositivos semióticos no controle e no acompanhamento mútuo entre professor e alunos. In: COLL, Cesar; EDWARDS, Derek (org.). **Ensino, Aprendizagem e Discurso em sala de aula**: aproximações ao estudo do discurso educacional. Porto Alegre: 1998, p. 75-106.

CROATTO, José Severino. **As linguagens da Experiência Religiosa**: uma introdução à fenomenologia da religião. São Paulo: Paulinas, 2004, p. 81-128.

______. **Hermenéutica Bíblica**: para uma teoria de la lectura como produccíon de sentido. Viamonte, Buenos Aires: Lumen, 1994.

______. **EXÔDO**: uma hermenêutica da liberdade. São Paulo: Edições Paulinas, 1981.

DOMINGUES, G.S. **Andragogia de Jesus**: a metodologia de ensino que transformou o processo educativo. Curitiba: AdSantos, 2016.

DOMINGUES, G.S. Um olhar pedagógico sobre o sentido do ensino no ministério de Jesus. **Revista Via Teológica**. Curitiba: FABAPAR, 2015.

DOMINGUES, Gleyds Silva. Palavra: um espectro de significados. In: Revista Via Teológica, Curitiba: FTBP, n.20, junho, 2011.

EDWARDS, Derek. Em direção a uma psicologia do discurso da educação em sala de aula. In: COLL, Cesar; EDWARDS, Derek (org.). **Ensino, Aprendizagem e Discurso em sala de aula**: aproximações ao estudo do discurso educacional. Porto Alegre: 1998, p. 47 – 74.

FAIRCLOUGH, Norman. **Discurso e mudança social**. São Paulo: Saraiva, 2012.

FREIRE, P. **Pedagogia da Autonomia**: saberes necessários à prática educativa. São Paulo: Paz e Terra, 2004.

MARCONDES, D. **As Armadilhas da linguagem**. RJ: Zahar, 2017.

MERCER, Neil. As perspectivas socioculturais e o estudo do discurso em sala de aula. In: COLL, Cesar; EDWARDS, Derek (org.). **Ensino, Aprendizagem e Discurso em sala de aula**: aproximações ao estudo do discurso educacional. Porto Alegre: 1998, p. 1- 46.

NEIRA, Marcos Garcia. **Por dentro da sala de aula**: conversando sobre a prática. São Paulo: Phorte, 2004.

ORLANDI, E.P. **A linguagem e seu funcionamento**: as formas de discurso. Campinas, São Paulo: Pontes, 1987.

ORLANDI, Eni Puccinelli. **Análise do Discurso**: princípios e procedimentos. Campinas, SP: 2003.

PERISSÉ, Gabriel. **A arte de ensinar**. Brasília: Editora UNB, 2008.

PIMENTA, Selma Garrido; ANASTASIOU, Léa das Graças Camargos. **Docência no Ensino Superior**. São Paulo: Cortez, 2010.

ROMÃO, José Eustáquio. **Pedagogia Dialógica**. São Paulo: Cortez, 2002.

SACRISTÁN, Juan Gimeno; PÈREZ GÓMEZ, A. I. **Compreender e transformar o ensino**. Porto Alegre: Artmed, 2007.

TEODORO, Antonio; VASCONCELOS, Maria Lucia (org.) **Ensinar e Aprender no Ensino Superior**. São Paulo: Mackenzie; Cortez, 2003.

VILLELA, F. C.B.; ARCHANGELO, Ana. **Fundamentos da escola significativa**. SP: Loyola, 2014.

Com a apresentação do modelo de artigo científico, já é possível dar início ao processo de produção do mesmo. Não se esqueça que o ato de construção é complexo, o que demanda tempo e investimento na sua elaboração. Não se faz um artigo de um dia para o outro, ainda mais quando se tem em mente a sua publicação em periódicos de qualidade.

A intenção do modelo não é mecanizar o processo, mas de torná-lo viável de efetivação. A partir do modelo, o pesquisador identifica e visualiza os seus elementos constitutivos e reconhece a forma de aparição dos mesmos na composição do texto.

A partir deste momento, você já pode submeter o seu artigo para avaliação. Vamos caminhando porque a trajetória está perto de ser finalizada.

16.
UNIDADE TEMÁTICA 13: ESTRUTURA DE RESUMO, PAPER E RESENHA

Esta Unidade Temática visa apresentar as estruturas de trabalhos científicos relacionados a resumo, *paper* e resenha. Esses tipos de trabalhos científicos necessitam seguir um padrão de organização de partes constitutivas e redação. A finalidade, então, é demonstrar a forma como devem ser compostos. Antes, porém, faz-se necessário conceituar cada um dos trabalhos científicos, visto que por intermédio do conceito é facilmente identificada sua finalidade.

O trabalho científico, resumo, é "normalmente um texto mais longo (10% a 25% do texto original) destaca as ideias essenciais do texto-base e deve manter o espírito do autor. Procura preservar suas intenções e ênfases" (SANTOS, 2007, p. 42).

A estrutura do Resumo pode variar, conforme a norma técnica efetivada por cada Instituição de Ensino, porém existem passos a serem seguidos no processo de construção do texto. Estes passos correspondem à leitura atenta e interpretativa, a forma de elaboração de esquemas e a extração de ideias geradoras, visto que com o resumo se objetiva que o pesquisador se mantenha fiel ao texto produzido pelo autor original. Barros e Lehfeld (2000, p. 21) informam que o resumo precisa ser composto nas seguintes fases:

Ler e reler o texto, procurando entende-lo a fundo;

Procurar a ideia-tópico de cada parágrafo;

Relacionar e ordenar as ideias do parágrafo, parágrafo por parágrafo;

Escrever a síntese, formando as frases com todas as ideias principais;

Confrontar a síntese com o original para que nada de importante seja omitido;

Redigir, finalmente, com bom estilo e com as próprias palavras.

O resumo é um trabalho científico que atesta a capacidade de interpretação, compreensão e síntese do pesquisador, além de evidenciar sobre a forma e o estilo de escrita apresentado pelo mesmo. A partir do resumo é possível avaliar se de fato a leitura do texto foi apropriada adequadamente pelo pesquisador.

Outra forma de trabalho científico é **o *paper*/ensaio**. Ele visa possibilitar ao pesquisador a produção de um parecer sobre um tema relevante ao campo do conhecimento. Esse parecer tem caráter contributivo e reflexivo, por isso precisa fornecer discussões inéditas e aprofundadas sobre o objeto eleito.

Magalhães (2007, p. 78) ressalta que a finalidade do *paper*/ensaio é apresentar uma "exposição bem desenvolvida, objetiva, discursiva e concludente" sobre uma temática eleita pelo pesquisador.

Define-se *paper*, significando "pequeno artigo. Ele possui em média de duas a dez páginas e é estruturado como um artigo científico podendo ser publicado posteriormente em anais de eventos científicos e revistas científicas" (LEHFELD, 2007, p. 102).

Os "Ensaios são textos científicos que desenvolvem uma proposta pessoal do autor sobre um determinado tema/problema de ciência [...] Pode-se pensar o ensaio científico como um conjunto de impressões do especialista" (SANTOS, 2007, p. 44). A estrutura dos ensaios é similar a dos artigos científicos e monografia e não dispensa o rigor teórico-metodológico.

Ainda sobre o propósito do *paper*, Oliveira (2003, p. 100) afirma que "é quase sempre o de tornar um problema, estudá-lo, adequar hipóteses, cotejar dados, prover metodologia própria e, finalmente, concluir ou eventualmente recomendar". Isso demonstra que o ato de construção do *paper* precisa ser efetivado a partir de passos bem definidos. Assim, cabe ao pesquisador no processo de redação do *paper*, escolher a temática, aprofundar seu conteúdo, efetivar novas pesquisas, avaliar e organizar ideias e traçar um esboço de tópicos a serem desenvolvidos.

No ato de redação do *paper*, o pesquisador precisa oferecer uma análise crítica sobre a temática discutida, no sentido de apontar lacunas ou restrições quanto a sua abrangência. Compete, ainda, ao pesquisador tratar do problema levantado, na tentativa de oferecer respostas. Sua escrita é feita de forma impessoal e quase que imparcial, visto que não é oportuno defender ideias ou crenças pessoais.

Por fim, apresenta-se **a resenha** como uma forma de trabalho científico. Sua finalidade destina-se a discutir as ideias gerais e principais contidas em livros, periódicos e obras. A proposta do resenhista é evidenciar uma síntese sobre o conteúdo disponibilizado e fazer indicações de leitura, quer sejam de ordem restritiva ou ampliativa do material avaliado.

A resenha "consiste em examinar e apresentar o conteúdo de obras prontas e publicadas, acompanhando ou não de avaliação crítica. É talvez o nível mais elementar de texto científico e caracteriza-se apenas como trabalho exploratório" (SANTOS, 2007, p. 38).

As partes constitutivas da resenha podem ser assim configuradas: introdução; identificação da obra; credenciais do autor, conteúdo; conclusões; crítica; conclusão e indicações ou não sobre a leitura da obra. Quanto à quantidade de laudas, não há uma rigidez, porém, é muito comum observar como requisito de periódicos que esta não ultrapasse três laudas.

Severino (2002, p. 132), ainda, sobre a resenha, ressalta que "na medida em que o resenhista expõe e aprecia as ideias do autor, ele estabelece um diálogo com o mesmo". Ao fazer isso, é permitido ao resenhista defender seu ponto de vista, quer seja em favor ou não do pensamento do autor analisado na obra resenhada. Os objetivos da resenha podem ser assim definidos:

> Documentar e datar sua impressão sobre determinada obra para a posteridade; protestar, aplaudir ou apenas reconhecer pontos de vista defendidos; expressar uma visão ou posição coletiva ou classista, e como esta classe ou grupo reage àqueles escritos; e informar os editores a fim de que possam, no futuro, repensar a oportunidade ou o risco de editar aquela obra noutra língua ou como cuidar das edições posteriores (OLIVEIRA, 2003, p. 99).

Severino (2002, p. 131-132) apresenta três maneiras de redigir uma resenha. Essas maneiras são descritas por ele como: informativa, quando se expõe apenas o conteúdo; crítica, quando se apresenta o valor e o alcance do texto; e crítico-informativa, quando além de expor sobre o conteúdo, apresenta um parecer crítico sobre o mesmo.

Ainda sobre o processo de redação, Oliveira (2003, p. 99) informa que a resenha pode dispensar a apreciação do que a elaborou quando ela tem natureza descritiva (informativa), porém quando é crítica, a apreciação se faz necessária. Ele ainda reitera que, quando a resenha é bem redigida, ela se torna uma referência ao campo da pesquisa, visto que ultrapassa a avaliação superficial do tipo gosto ou não gosto.

A resenha crítica "é considerada uma formulação de uma pesquisa científica de nível preliminar, simples e exploratória, apesar de também conter uma crítica a respeito da obra lida" (LEHFELD, 2007, p. 103).

Com relação às críticas tecidas sobre a obra resenhada é preciso dizer que as mesmas precisam ser canalizadas às ideias e não ao autor das ideias. Afinal, não se está fazendo um juízo de valor sobre o autor, mas, sim, uma reflexão sobre os argumentos desenvolvidos.

Ramos e Ramos (2008, p. 66) apresentam a seguinte estrutura para a construção de resenhas: introdução, desenvolvimento e opinião crítica. Na Introdução, o pesquisador redige o texto de forma simples, clara e exata. Ele, ainda, situa o contexto da obra e expõe sobre a relevância do tema. No item desenvolvimento, o pesquisador pode realizar um texto crítico ou não. Caso opte por um texto crítico, ele deve apresentar um resumo das principais ideias e só após fazer um comentário dos pontos em discordância, fazendo alusão às páginas em que as ideias podem ser encontradas. Por fim, a opinião recai sobre a recomendação da obra e os motivos para tal. Nesse item, ainda se tece uma conclusão sobre as ideias--chave da obra analisada.

Algumas recomendações ao resenhista: a primeira é que o título da resenha seja diferente da obra resenhada; a segunda é que a redação precisa apresentar linguagem direta e que não se use subtítulos; e a terceira é que o uso de citação é dispensável, porém se fizer alguma argumentação contrária faz-se necessário indicar a página entre parêntesis.

A partir da elaboração do resumo, ensaio/*paper* e resenha já é possível observar que eles são trabalhos científicos, que demandam do pesquisador a atitude de cuidado como de fidelidade no ato de sua composição. Por este motivo, compete ao pesquisador uma leitura compreensiva e analítica sobre o conteúdo exposto. Isso, com certeza, irá facilitar o processo de análise, que é requerida na redação a ser desenvolvida.

Com estas dicas, você estará pronto para desenvolver a construção do texto, tendo como base o processo de redação dos trabalhos científicos, portanto, utilize-os continuamente, pois a intenção é de ajudá-lo no ato da composição dos mesmos.

Chegamos ao fim do estudo das Unidades Temáticas, embora seja preciso reiterar que a última teve mais caráter contributivo. Espero que você tenha apreciado as temáticas e que elas possam lhe ajudar a desenvolver o processo de construção e elaboração de trabalhos científicos de qualidade.

Continuo acreditando no processo da formação, principalmente quando ela se associa à expansão e ao aperfeiçoamento daqueles que tem uma missão especial, como a sua. Deus o abençoe.

PALAVRAS FINAIS

Caminhar na trajetória da pesquisa é de fato algo desafiador, mas ao mesmo tempo gratificante, visto que a partir de uma inquietação ou dúvida levantada, é dado início a todo um processo de investigação, cujo resultado poderá produzir novas leituras e possibilidades, as quais contribuirão com o desenvolvimento de uma área do conhecimento.

Ser parte de um grupo de investigadores que objetiva refletir sobre o campo do conhecimento é um privilégio, principalmente se o fruto da investigação efetivada produz um trabalho que se torna referência na área do conhecimento. É claro que isso não ocorre de um dia para o outro, talvez este reconhecimento venha a ser efetivado até em outra geração, ou até nem alcance tal notoriedade, mas o que de fato não se pode desprezar é que a busca pela excelência é a finalidade a ser perseguida pelo pesquisador.

O ato de pesquisar evoca a necessidade de refletir sobre um fato ou fenômeno, por isso precisa ser considerado constantemente, visto que por seu intermédio pode-se contemplar diferentes maneiras de estudar e analisar um objeto. Isso indica que não há na pesquisa o engessamento de ideias, mas a sua renovação e ressignificação contínuas. Afinal, o conhecimento não é limitado, mas aberto para leituras, descobertas e reinterpretações.

A partir do estudo efetivado pode-se afirmar que a finalidade demarcada na produção científica é trazer à tona questões que envolvem o saber/fazer pertencente ao contexto de atuação e, que sem dúvida, torna-se o primeiro campo de observação e inquietação, a qual provoca o desejo de encontrar novas possibilidades para a realidade a ser enfrentada e experienciada.

A tentativa do ato de pesquisar é possibilitar o desvelamento de situações que promovam a ampliação do conhecimento e, consequentemente, a transformação necessária para a realização de uma proposta que de fato atenda às necessidades advindas do contexto social.

Sendo assim, ao direcionar a pesquisa para o campo ministerial há a ampliação de sua abrangência, no que se refere à formação dos sujeitos e a complexidade que a envolve. Isso porque, ao pensar no sujeito, se pensa também no seu entorno, marcado tanto pela objetividade circundante como pela subjetividade que lhe é própria.

Nesta direção, a produção científica afirma-se como um momento de estabelecer o diálogo possível entre os campos científico e prático, isto é, teoria e realidade. Esta comunicação abre espaços para o estabelecimento de redes que possibilitam o intercâmbio direto com a ação que se impõe como um desafio a ser conquistado e conflitado.

Afinal, o ato de pesquisar envolve a produção do conhecimento. Esse ato de produção é provocado pela necessidade de conhecer e saber sobre o que não está tão claro ou evidenciado. Tanto é assim, que o ato de conhecer oportuniza a criação de pontes necessárias para descrever, relatar, descobrir, inovar, refutar, aproximar e distanciar sobre o objeto alvo da investigação. Sendo assim, o ato de pesquisa se configura como um passo fundamental para o enfrentamento da realidade que se objetiva na prática educativa, cuja meta é a sua reconstrução ou quem sabe, sua transformação.

O ato de pesquisa envolve habilidades que nortearão a trajetória ministerial do futuro obreiro, isso porque, pesquisar é desvelar a realidade, a partir de inferências, observações, estudo e aplicações metodológicas, que objetivam conhecer o desconhecido.

O ato de pesquisar faz parte da vida e por isso precisa ser apropriado pelo pesquisador, visto que sua finalidade é acompanhar o processo de construção efetivado por cada um que se encontra inserido em um contexto específico.

A pesquisa oportuniza elementos essenciais ao ato de conhecer que podem ser eleitos como os passos que orientarão o desejo de novas descobertas. Ao eleger o objeto de investigação tem-se então, a constituição do primeiro passo, que será evidenciado por um problema suscitado no cotidiano e que sem dúvida, torna-se o ponto de inquietação do pesquisador.

Espera-se que a partir das Unidades de estudo desenvolvidas, a aplicação da pesquisa no contexto de atuação se faça presente. Afinal, no ato da investigação é que novas possibilidades de práticas são construídas.

Essas práticas aproximam o pesquisador da sua realidade, na medida em que ela se torna campo efetivo de vivências, experiências e inovações.

Aproveito este espaço para dizer que as normas científicas a serem seguidas são aquelas direcionadas por cada Instituição de Ensino ou órgão de fomento da pesquisa ou de publicação, quer seja, revista, periódico ou anais de congresso. Por isso, atente para as mesmas, para que o seu trabalho científico tenha mais chance de obter aprovação.

Assim, seja muito bem-vindo/a ao mundo da pesquisa! E que Deus possa ser engrandecido a partir dos trabalhos que serão desenvolvidos.

REFERÊNCIAS

A BÍBLIA sagrada: Revista e Atualizada no Brasil. Barueri, São Paulo: Sociedade Bíblica do Brasil, 2017.

______. Revista e Atualizada. Barueri, São Paulo: Sociedade Bíblica do Brasil, 1993.

ABREU, Antonio Suárez. **Curso de Redação**. 12ª ed. São Paulo: Ática, 2004.

APPOLINÁRIO, Fabio. **Dicionário de Metodologia Científica**: um guia para a produção do conhecimento científico. 2. ed. São Paulo: Atlas, 2011.

AQUINO, Ítalo de Souza. **Como escrever artigos científicos**: sem arrodeio e sem medo da ABNT. 7ª. ed. São Paulo: Saraiva, 2010.

BARROS, Aidil Jesus da Silveira; LEHFELD, Neide Aparecida de Souza. **Fundamentos de Metodologia Científica**. 2.ed. São Paulo: Makron Books, 2000.

BARROS, Diana Pessoa de. A comunicação humana. In: FIORIN, José Luiz (org.). **Introdução à Linguística**: objetos teóricos. São Paulo: Contexto, 2011.

BAZERMAN, Charles. **Gêneros, agência e escrita**. São Paulo: Cortez, 2006.

BERLO, David K. **O processo da comunicação**: introdução à teoria e à prática. São Paulo: Martins Fontes, 1979.

BERNARDES, Juliano Taveira; FERREIRA, Olavo Augusto Vianna Alves. **Direito Constitucional**. Salvador, Ba: Editora JusPodivm, 2011. p. 219.

BLOOM, Benjamin et al. **Taxionomia dos objetivos educacionais**: domínio cognitivo. São Paulo: Globo, 1972.

CANDELA, Antonia. A construção discursiva de contextos argumentativos no ensino de Ciências. In: COLL, Cesar; EDWARDS, Derek (org.). **Ensino, Aprendizagem e Discurso em sala de aula**: aproximações ao estudo do discurso educacional. Porto Alegre: 1998, p. 143-169.

CARVALHO, Guilherme Vilela Ribeiro de. Sociedade, justiça e política na filosofia de cosmovisão cristã: uma introdução ao pensamento social de Herman Dooyeweerd. In: CARDOSO, Claudio Antonio; CARVALHO, Guilherme Vilela Ribeiro de; SILVA, Mauricio, José. **Cosmovisão Cristã e Transformação**. Viçosa, Minas Gerais: Editora Ultimato, 2006.

CARVALHO, Olavo de. **Aristóteles em nova perspectiva**: introdução à teoria dos quatro discursos. São Paulo: Vide Editorial, 2013.

CASTRO, Claudio de Moura. **Como redigir e apresentar um trabalho científico**. São Paulo: Pearson Prentice Hall, 2011.

COLL, César; ONRUBIA, Javier. A construção de significados compartilhados em sala de aula: atividade conjunta e dispositivos semióticos no controle e no acompanhamento mútuo entre professor e alunos. In: COLL, Cesar; EDWARDS, Derek (org.). **Ensino, Aprendizagem e Discurso em sala de aula**: aproximações ao estudo do discurso educacional. Porto Alegre: 1998, p. 75-106.

COMTE, Augusto. **Curso de filosofia positiva**. São Paulo: Nova Cultural, 2000.

CROATTO, José Severino. Êxodo: uma hermenêutica da liberdade. São Paulo: Paulinas, 1981.

DOLZ, J.; SCHNEUWLY, B. **Gêneros orais e escritos na escola**. Campinas, SP: Mercado das Letras, 2004.

______. Os gêneros escolares – Das práticas de linguagem aos objetos de ensino. **Revista Brasileira de Educação**, ANPED, n. 11, p. 5-16, mai/jun/jul/ago 1999.

DOMINGUES, Gleyds Silva. **Andragogia de Jesus**: a metodologia de ensino que transformou o processo educativo. 2ª ed. Curitiba: AdSantos, 2017.

______. **Cosmovisões e Projeto Político-Pedagógico**: o sentido da formação humana. Saarbrücken, Alemanha: Novas Edições Acadêmicas, 2015.

______. Palavra: um espectro de significados. In: **Revista Via Teológica**, Curitiba: FTBP, n.20, jun, 2011.

EDWARDS, Derek. Em direção a uma psicologia do discurso da educação em sala de aula. In: COLL, Cesar; EDWARDS, Derek (org.).

Ensino, Aprendizagem e Discurso em sala de aula: aproximações ao estudo do discurso educacional. Porto Alegre: 1998, p. 47 – 74.

FACHIN, Odilia. **Fundamentos de Metodologia**. 4. ed. São Paulo: Saraiva, 2005.

FAIRCLOUGH, Norman. **Discurso e mudança social**. São Paulo: Saraiva, 2012.

FERREIRA; Maria Clotide Rosseti; AMORIN, Katia de Souza et al (Org.). **Rede de Significações**: o estudo do desenvolvimento humano. Porto Alegre: Artmed, 2004.

FIGUEIREDO, Saulo Porfírio. **Gestão do Conhecimento**: estratégias competitivas para a criação e mobilização do conhecimento na empresa. Rio de Janeiro: Qualitymark, 2005.

FIORIN, José Luiz. **Argumentação**. São Paulo: Contexto, 2018.

FIORIN, José Luiz (Org.). **Introdução à Linguística**: objetos teóricos. São Paulo: Contexto, 2011.

FOUCAULT, Michel. **A Ordem do Discurso**. São Paulo: Loyola, 2002.

FREIRE, Paulo. **Pedagogia da Autonomia:** saberes necessários à prática educativa. São Paulo: Paz e Terra 2004.

GEACH, P. T. **Razão e Argumentação**. Porto Alegre: Penso, 2007.

GIBELLINI, Rosino. **A Teologia do Século XX**. São Paulo: Loyola, 1998.

GIL, Antonio Carlos. **Como elaborar projetos de pesquisa**. São Paulo: Atlas, 2010.

GIROUX, Henry. **Os professores como intelectuais**: rumo a uma pedagogia crítica da aprendizagem. Porto Alegre: Artes Médicas, 2002.

______. **Cruzando as fronteiras do discurso educacional**: novas políticas em educação. Porto Alegre: Artes Médicas, 1999.

GÓMEZ, G.R. et al. **Metodologia de la investigación cualitativa**. Ediciones Aljibe, 1996.

KOCH, Ingedore G. Villaça. **Argumentação e Linguagem**. 13. ed. São Paulo: Cortez, 2011.

KÖCHE, Vanilda Salton; BOFF, Odete Maria Benetti; MARINELLO, Adiane Fogali. **Leitura e Produção Textual**: gêneros textuais do argumentar e expor. 6. ed. Petrópolis, RJ: Vozes, 2014.

KRAMSCH, Claire. **Language and Culture**. Califórnia: Oxford, 2003.

LEHFELD, Neide. **Metodologia e Conhecimento Científico**: horizontes virtuais. Petrópolis, RJ: Vozes, 2007.

MAÇANEIRO, Marçal. **O Labirinto Sagrado**: ensaios sobre religião, psique e cultura. São Paulo: Paulus, 2011.

MAGALHÃES, Luzia Eliana Reis. **O trabalho científico**: da pesquisa à monografia. Curitiba: FESP, 2007.

MARCONDES, Danilo. **As armadilhas da linguagem**. Rio de Janeiro: Zahar, 2017.

MARCONI, Marina de Andrade; LAKATOS, Eva Maria. **Metodologia Científica**. 4. ed. São Paulo: Atlas, 2004.

MATIAS-PEREIRA, José Matias. **Manual de Metodologia da Pesquisa Científica**. 3.ed. São Paulo: Atlas, 2012.

MEIRELES, Cecília. Poesia, Ai, palavras. Disponível em: https://oimpressionista.wordpress.com/2018/04/02/ai-palavras-cecilia-meireles/ Acesso em 28 de julho de 2018.

MINAYO, Maria Cecília de Souza (Org.); DESLANDES, Suely Ferreira; GOMES, Romeu. **Pesquisa Social**: teoria, método e criatividade. Petrópolis, RJ: Vozes, 2016.

MINAYO, Maria Cecília de Souza. **O desafio do conhecimento**: pesquisa qualitativa em saúde.6ª ed. São Paulo: Hucitec, 1999.

MORELAND, J. P. **O Triângulo do Reino**. São Paulo: Editora Vida, 2011.

ORLANDI, Eni Puccinelli. **Discurso e Leitura**. São Paulo: Cortez, 2012.

______. **Análise do Discurso**: princípios e procedimentos. Campinas, SP: 2003.

OTÁVIO, Waldomiro. **A arte de escrever**. Petrópolis, RJ: Vozes, 1963.

PERISSÉ, Gabriel. **A arte de ensinar**. São Paulo: Saraiva, 2012.

RAMOS, Paulo; RAMOS, Magda Maria. **Os caminhos metodológicos da pesquisa**: da educação básica ao doutorado. Blumenau, SC: Odorizzi, 2008.

RINALDI JR, Roberto. **Educação na Perspectiva Cristã**: uma reflexão sobre essa abordagem e seu impacto na família, igreja, escola e nação. Belo Horizonte, MG: AECEP, 2012.

RIOS, Terezinha Azeredo. Ética e Competência. São Paulo: Cortez, 2001.

ROMÃO, José Eustáquio. **Pedagogia Dialógica**. São Paulo: Cortez, 2002.

RUIZ, Castor M.M. Bartolomé. Ética e Alteridade em Emmanuel Levinas. In: CANDIOTTO, Cesar (Org.). Ética: abordagens e perspectivas. Curitiba: Champagnat, 2011.

SACRISTÁN, J. Gimeno; PÉREZ GÓMEZ, A. I. **Compreender e Transformar o Ensino**. 4ª ed. Porto Alegre: Artmed, 2007.

SALVADOR, Ângelo Domingos. **Métodos e técnicas de pesquisa bibliográfica**: elaboração de trabalhos científicos. Porto Alegre: Sulina, 1986.

SANTOS, Antonio Raimundo dos. **Metodologia Científica**: a construção do conhecimento. Rio de Janeiro: Lamparina, 2007.

SANTOS, Clovis Roberto dos. **Trabalho de Conclusão de Curso**: guia de elaboração passo a passo. São Paulo: Cengage Learning, 2011.

SANTOS, Mario Ferreira dos. **Curso de Oratória e Retórica**. 4.ed. São Paulo: LOGOS, 1955.

SEVERINO, Antonio Joaquim. **Metodologia do Trabalho Científico**. São Paulo: Cortez, 2002.

SIRE, James W. **Naming the elephant**: worldview as a concept. Downers Grove: Intervariety, 2004.

______. **O Universo ao Lado**: a vida examinada, um catálogo elementar de cosmovisões. São Paulo: Hagnos, 2001.

TERRA, Ernani; DE NICOLA, José. **Práticas de Linguagem**: leitura e produção de textos. São Paulo: Scipione, 2008.